Mixed Methods

Udo Kuckartz

Mixed Methods

Methodologie, Forschungsdesigns und Analyseverfahren

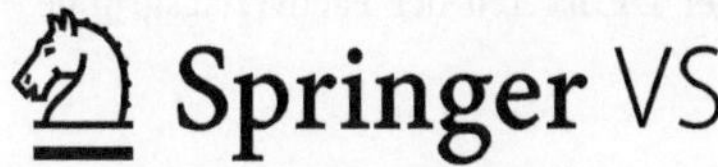

Udo Kuckartz
Philipps-Universität Marburg
Marburg, Deutschland

ISBN 978-3-531-17628-4 ISBN 978-3-531-93267-5 (eBook)
DOI 10.1007/978-3-531-93267-5

Die Deutsche Nationalbibliothek verzeichnet diese Publikation in der Deutschen Nationalbibliografie; detaillierte bibliografische Daten sind im Internet über http://dnb.d-nb.de abrufbar.

Springer VS

Gedruckt auf säurefreiem und chlorfrei gebleichtem Papier

Springer VS ist eine Marke von Springer DE. Springer DE ist Teil der Fachverlagsgruppe Springer Science+Business Media.
www.springer-vs.de

Inhaltsverzeichnis

Vorwort

Eine der auffälligsten Entwicklungen im Bereich empirischer Forschungsmethoden im letzten Jahrzehnt ist der Trend zur Methodenkombination und Methodenintegration, wie er sich besonders in der Diskussion um den praktischen Einsatz von *Mixed-Methods* zeigte. Vor allem in der englischsprachigen Welt ist das Interesse an Mixed-Methods-Ansätzen gewaltig und mehr und mehr Forscherinnen und Forscher in unterschiedlichen wissenschaftlichen Disziplinen arbeiten mit Designs, die quantitative und qualitative Methoden kombinieren. Sowohl auf erziehungswissenschaftlichen Konferenzen – wie etwa der Jahrestagung der American Educational Research Association (AERA) – bei soziologischen, politikwissenschaftlichen und anthropologischen Tagungen, als auch bei Konferenzen im Bereich von Public Health, Pflegewissenschaften und Versorgungsforschung findet man inzwischen ganze Sessions und Programmsektionen, die sich mit Mixed-Methods-Ansätzen theoretisch, methodisch und praktisch befassen. Zudem existiert heute eine kaum überschaubare Anzahl von Forschungsprojekten, in denen mit Mixed-Methods-Designs gearbeitet wird.

Mittlerweile sind in diesem noch relativ neuen Feld empirischer Forschungsmethoden zahlreiche Lehrbücher erschienen (bspw. Bryman, 2006; Teddlie & Tashakkori, 2009; Creswell & Plano Clark, 2011; Nagy Hesse-Biber, 2010; Creswell, 2014a, b; Morgan, 2014), eine internationale Konferenzreihe ist entstanden und es wurde eine spezielle Zeitschrift, das *Journal for Mixed-Methods Research,* gegründet. Bereits 2003 erschien das „Handbook of mixed methods in social and behavioral research“, das seit 2010 in einer wesentlich überarbeiteten zweiten Auflage vorliegt (Tashakkori & Teddlie, 2002, 2010).

Dass Mixed-Methods-Ansätze keineswegs eine Randerscheinung sind, lässt sich auch daran ablesen, dass die entsprechende Methodenliteratur sehr auflagenstark ist: Das von John Creswell und Vicki Plano Clark verfasste Lehrbuch „Designing and conducting mixed methods research“, 2011 in einer wesentlich erweiterten Neuauflage bei Sage Publications erschienen, gehört zu den bestverkauften Methodenbüchern auf dem internationalen Markt (Creswell & Plano Clark, 2007, 2011).

Blättert man durch die Inhaltsverzeichnisse und Sachregister der deutschsprachigen Einführungen in die Methoden der empirischen Sozialforschung, so scheint das Thema Mixed-Methods hierzulande allerdings noch nicht so recht angekommen zu sein. In den klassischen Methodenlehrbüchern und Einführungstexten[1] bezieht man sich ganz traditionell schwerpunktmäßig auf die quantitativ orientierte Methodik, benennt möglicherweise noch Abgrenzungen zu qualitativen Methoden oder handelt solche, etwa in Form der qualitativen Inhaltsanalyse, auf wenigen Seiten ab. Das Thema Mixed-Methods scheint dort noch so gut wie gar nicht zu existieren.

In den speziell der qualitativen Sozialforschung gewidmeten Einführungstexten hat man schon eher Chancen, auf das Thema Mixed-Methods zu treffen. Zwar lässt sich weder in Siegfried Lamneks Lehrbuch „Qualitative Sozialforschung" (2010) noch in Uwe Flicks Einführungsband „Qualitative Sozialforschung" (2007) das Stichwort „Mixed-Methods" im Sachregister finden, doch in Flicks zuletzt erschienenem Lehrbuch „Sozialforschung: Methoden und Anwendungen", das speziell für Bachelor-Studiengänge konzipiert ist, hat der Autor ein eigenes Kapitel „Integrierte Sozialforschung – Grenzen und Kombination verschiedener Vorgehensweisen" eingefügt, in dem er Mixed-Methods als aktuellen Trend bezeichnet (Flick, 2009: 228-229). Vorangehend in diese Richtung einer stärkeren Berücksichtigung von Mixed-Methods in grundlegenden Methodenlehrbüchern ist auch das ebenfalls speziell für den Bachelor-Bereich geschriebene Lehrbuch von Walter Hussy, Margrit Schreier und Gerald Echterhoff (2013), in welchem den verschiedenen Varianten von Mixed-Methods-Designs ein recht ausführliches Kapitel (12 Seiten) gewidmet wird. Auch in einzelnen Disziplinen oder Forschungsfeldern, wie etwa der Marktforschung (Foscht et al., 2009), der Bildungsforschung (Gläser-Zikuda et al., 2012) oder der Evaluation (Kuckartz & Busch, 2012) richtet sich die Aufmerksamkeit seit neuestem auf Mixed-Methods.

---

1 Bspw. bei Andreas Diekmann (2007).

Das vorliegende Buch soll dazu beitragen, die hierzulande aber noch immer vorhandene Distanz zu Mixed-Methods-Ansätzen zu verkleinern und die Grundzüge der überwiegend – aber keineswegs nur – von amerikanischen Sozial- und Verhaltenswissenschaftler_innen in den letzten Jahren entwickelten Mixed-Methods-Ansätze darzustellen. Dabei soll es zunächst darum gehen, mit der Mixed-Methods-Terminologie vertraut zu machen, die Grundlagen darzustellen und die wesentlichen Design- und Analyseformen zu präsentieren. In diesem einführenden Buch werde ich mich dabei auf den Kernbereich konzentrieren und die inzwischen sehr verästelte Diskussion um einzelne Aspekte von Mixed-Methods-Ansätzen hintenan stellen.

Im ersten Kapitel „Grundlagen und Grundbegriffe von Mixed-Methods-Forschung" geht es um Mixed-Methods als Methodologie und Forschungsansatz: Welches sind die grundlegenden Begriffe dieser noch jungen „dritten methodologischen Bewegung" (Tashakkori & Teddlie, 2003: 9)? Welches sind die Motivationen, die dazu führen Mixed-Methods in einem Forschungsprojekt einzusetzen? Welche Gewinne verspricht man sich aus der Kombination von Forschungsmethoden? Welche unterschiedlichen Diskursstränge über Methodenkombination gibt es?

Im zweiten Kapitel geht es konkret und praktisch um Mixed-Methods-Designs, d.h. um die Planung und Konzeption von Mixed-Methods-Forschungsprojekten. Wie kann man qualitative und quantitative Elemente miteinander kombinieren? Was ist bspw. ein paralleles, was ein sequenzielles und was ein Transformationsdesign? Wie sehen spezielle und komplexere Designformen aus?

Im dritten und vierten Kapitel steht die Mixed-Methods-Datenanalyse im Mittelpunkt. Hier geht es im dritten Kapitel um allgemeinere Überlegungen zur Datenanalyse und im vierten Kapitel um die praktische Umsetzung unter Einbeziehung von computerunterstützten Methoden.

Ich schätze mich glücklich, dass John Creswell, einer der weltweit bekanntesten Protagonisten von Mixed-Methods-Forschung, sich bereit gefunden hat, das Einleitungskapitel zu diesem Buch zu verfassen. Weltweit hat wohl niemand für seine den Mixed-Methods gewidmeten Bücher so viele Leserinnen und Leser gefunden wie Creswell: Sein gemeinsam mit Vicki Plano Clark verfasstes Lehrbuch „Designing and conducting mixed methods research" (2007, 2011) ist eine umfassende Darstellung der Mixed-Methods-Forschung und gleichzeitig eine außerordentlich praktisch ausgerichtete Einführung für all diejenigen, die in ihrer Forschungsarbeit Mixed-Methods-Designs einsetzen wollen. Zusammen mit Abbas Tashakkori und den Co-Editorinnen Vicki Plano Clark und Pat Bazeley hat Creswell auch das „Journal for Mixed Methods Research (JMMR)" gegründet. Er hat vor allem im Bereich der Entwicklung von Mixed-Methods-Designs Maßstäbe gesetzt und dort eine Systematisierung und Terminologie von Designformen entwickelt, die in der amerikanischen und der internationalen Diskussion weite Verbreitung gefunden hat.

Ein hervorstechendes Merkmal der Mixed-Methods-Bewegung ist, dass sie sowohl interdisziplinär als auch international ist. Ich bin überzeugt, dass deutsche Wissenschaftlerinnen und Wissenschaftler schon bald die Attraktivität dieser Ansätze entdecken werden. Dieses Buch will hierzu einen Beitrag leisten und die aus meiner Sicht sinnvolle und notwendige Aufmerksamkeit für Mixed-Methods-Forschung steigern. In den Sozial- und Verhaltenswissenschaften hatte man längere Zeit das Gefühl, als würde eine Art Kalter Krieg zwischen qualitativen und quantitativen Forschungsansätzen herrschen, welche man – vielleicht etwas überhöht – als „Paradigmen" bezeichnete. Nun lässt sich wohl schwerlich behaupten, alle Querelen seien heute ausgestanden und der Streit um die „richtige" Methodologie und entsprechende Methoden sei gewissermaßen schon Schnee von gestern. Noch immer haben die beiden „Paradigmen" glühende Anhänger_innen, die der jeweils anderen Seite wenig Respekt bezeugen. Die Methodensektionen der wissenschaftlichen Gesellschaften sind häufig in zwei Lager, teilweise auch in getrennte Sektionen bzw. Kommissionen (wie in der Deutschen Gesellschaft für Soziologie), gespalten. Andererseits hat aber auch die Diskussion um die Integration und Kombination von Methoden sehr stark zugenommen. Hier war es vor allem Uwe Flick, der den Diskurs um Methoden der Triangulation in Deutschland sehr befördert hat. In seinen Lehrbüchern und insbesondere dem Band „Triangulation: Eine Einführung" (Flick, 2011; siehe auch Flick et al., 2012) hat er dieses aus den USA stammende und ursprünglich von Norman Denzin schon 1970 formulierte Triangulationskonzept hierzulande bekannt gemacht und dazu beigetragen, dass man in Deutschland inzwischen von Triangulation als Forschungsdesign sprechen kann, ohne auf kritische Nachfragen zu treffen, was denn wohl damit gemeint sei. Mixed-Methods ist aber nicht mit Triangulation gleichzusetzen, sondern bedeutet einen sehr konkreten, praktisch ausgerichteten Forschungsansatz, verbunden mit ganz eigenen Strategien des Designs, der Datenerhebung und der Datenanalyse. Im Grundlagenkapitel dieses Buches werde ich die Unterschiede bzw. die unterschiedlichen Perspektiven von Mixed-Methods und Triangulation darlegen.

Ob der Mixed-Methods-Ansatz nun wirklich ein „drittes Paradigma" darstellt, wie viele amerikanische Protagonisten behaupten, darüber soll an dieser Stelle des Buches noch keine Aussage getroffen werden. Doch machen die Mixed-Methods-Ansätze die Welt der Sozialforschung bunter und vielfältiger und sie stoßen uns auf die Limitationen von ausschließlich mit qualitativen oder quantitativen Methoden arbeitenden Ansätzen.

Der Anspruch dieses Buches ist ambitioniert und bescheiden zugleich. Ambitioniert, weil ich hoffe, die Mixed-Methods-Forschung hiermit stärker in die Diskussion zu bringen und ihr auch im deutschsprachigen Raum einen Schub zu geben; bescheiden, weil hier nicht der Versuch gestartet werden soll, zu solch umfassenden und in mehreren Auflagen über Jahre verbesserten einführenden Methodenlehrbüchern wie denen von Andreas Diekmann (für den quantitativen Bereich) oder Uwe Flick (für den qualitativen Bereich) in Konkurrenz zu treten. In diesem Buch soll in erster Linie eine Einführung in die Grundzüge des Mixed-Methods-Denkens und die grundlegende Terminologie, Designs und Analyseformen gegeben werden. Zudem liegt es mir besonders am Herzen, sowohl für Fragen des Forschungsdesigns als auch für Fragen der Datenanalyse praktische Beispiele und Anleitungen zu geben, sodass die Leserinnen und Leser tatsächlich nach der Lektüre auch wissen, wie das Beschriebene in der Forschungspraxis umzusetzen ist.

Für wen das Buch geschrieben ist

Dieses Buch ist als Einführungstext für all diejenigen konzipiert, die sich für das Feld der Mixed-Methods interessieren. Dies sind in erster Linie empirisch Forschende und Studierende, die bereits ein Grundwissen in qualitativen und quantitativen Methoden erworben haben, nun ihr Wissen erweitern wollen und vielleicht sogar in Erwägung ziehen, selbst eine Mixed-Methods-Studie durchzuführen, beispielsweise als Masterarbeit oder Dissertation. Dabei kann es sich um Forschende, Studierende und Postgraduierte aus den unterschiedlichsten Disziplinen handeln, etwa aus der Erziehungswissenschaft, der Soziologie, der Politikwissenschaft, der Psychologie, den Geisteswissenschaften sowie den Gesundheits- und Pflegewissenschaften. Ich habe versucht, dieser potenziell multidisziplinären Leserschaft insofern gerecht zu werden, als dass ich Beispiele bewusst aus unterschiedlichen Disziplinen und Forschungsfeldern gewählt habe.

Danksagung

Ein wissenschaftliches Buch bedarf immer mehr als der Schreibtätigkeit eines Autors oder einer Autorin – und so verhält es sich auch bei diesem Buch. Für die zahlreichen Anregungen und kritischen Hinweise bedanke ich mich sehr herzlich bei John Creswell, Vicki Plano Clark, Burke Johnson, Stefan Rädiker und nicht zuletzt meiner Frau Anne Kuckartz. Für die Mitarbeit bei der Suche, bei der Auswahl und Aufbereitung der Beispielstudien bin ich Elisabeth Wachsmuth dankbar. Bei der Literaturrecherche, Literaturerfassung und technischen Erstellung des Manuskripts waren Anna Christophel, Gaby Schwarz, Hannah Prömper, Mailin Gunkel, Alexander Nolte und Tamara Reisdorf engagiert tätig; ein ganz besonderes Dankeschön gebührt Patrick Plettenberg, der das Layout und die Druckfassung erstellt hat, und an Friedrich Rost, der mit gewohnter Sorgfalt das Manuskript auf Fehler aller Art durchgesehen hat.

Schließlich bedanke ich mich auch sehr herzlich beim Präsidium der Philipps-Universität, das mir 2010 durch die Bewilligung eines Forschungssemesters die Gelegenheit zu einem längeren Aufenthalt an der University of Nebraska-Lincoln gegeben hat. Dort hatte ich als Visiting Scholar Gelegenheit zu zahlreichen Gesprächen und Diskussionen mit John Creswell und Vicki Plano Clark, welche die Grundlage zu diesem Buch gelegt haben. In meinem Forschungssemester 2014 hatte ich dann endlich ausreichend Zeit, um das schon 2010 geplante Buch fertigzustellen.

Udo Kuckartz, Marburg, im Juli 2014

Die Entwicklung der Mixed-Methods-Forschung. Einleitung von John Creswell, University of Nebraska-Lincoln

In den letzten fünfzig Jahren, das ist etwa die Zeitspanne seit meinem Universitätsabschluss bis zum heutigen Tage, bin ich Zeuge eines bemerkenswerten Wandels der Forschungsansätze in den Sozial-, Verhaltens- und Gesundheitswissenschaften geworden. Diese Entwicklung begann in den 1960er- und 1970er-Jahren mit einer starken Fokussierung auf die quantitativen und messbaren Aspekte. Daran schloss sich eine qualitative Phase an, die in den 1970er- und 80er-Jahren stark wurde, deren Anfänge allerdings bis in die 1950er-Jahre zurückreichen.

Dabei ersetzte die qualitative nicht die quantitative Forschung, sondern sie kam als eine alternative Methodologie zu der bereits existierenden Art von Forschung hinzu. Ab etwa Mitte der 1980er-Jahre fand ein weiterer Forschungsansatz, nämlich Mixed-Methods, den Weg in die Sozial- und Verhaltenswissenschaften. Auch in diesem Fall bedeutete dies nicht, dass der neue Ansatz die quantitativen oder qualitativen Ansätze ablöste, sondern das Instrumentarium der Sozial- und Verhaltenswissenschaftler_innen wurde erneut um eine weitere Methodologie erweitert. Zu Recht wird Mixed-Methods heute als die dritte methodologische Revolution („third methodological revolution") bezeichnet (Tashakkori & Teddlie, 2003), da der Ansatz über die qualitativen und quantitativen Ansätze hinausgeht und eine neue Dimension für empirische Untersuchungen anbietet.

Die Mixed-Methods-Forschung, wie wir sie heute kennen, beinhaltet im Rahmen eines Mixed-Methods-Designs die Sammlung und Analyse sowohl quantitativer als auch qualitativer Daten, die systematische Integration beider Datenarten und oft auch die Darlegung der philosophischen und theoretischen Orientierungen, die dem Design zugrunde liegen. Im Folgenden beginne ich mit einer Einschätzung der heutigen Mixed-Methods-Forschung, an die sich eine Betrachtung der historischen Entwicklung des Feldes anschließt.

Das heutige Feld der Mixed-Methods-Forschung

Wie entwickelt sich ein methodisches Feld, eine Methodologie, im Verlaufe von Jahren und Jahrzehnten? Wenn wir zurückblicken und betrachten, wie neue Methodologien zustande gekommen sind, erkennen wir, dass sie vor allem durch einzelne Individuen, die über sie geschrieben haben und durch die Schlüsselbücher, die sie verfasst haben, vorangebracht wurden. Ein gutes Beispiel hierfür ist die Entfaltung der Metaanalyse (Hunt, 1997). Die Entwicklung von Mixed-Methods stellt hier keine Ausnahme dar. Allerdings ist ihre Entwicklung mit größerem Tempo geschehen, weil die entscheidenden Entwicklungen im letzten Jahrzehnt, dem digitalen Zeitalter, stattgefunden haben, in dem sich Wissen und Informationen sehr schnell auf der ganzen Welt verbreiten. Im Folgenden präsentiere ich eine Art Mosaik des vielfältigen Gebrauchs von Mixed-Methods heute und die Hauptindikatoren dieses Wachstums.

Zweifellos haben Bücher eine Schlüsselrolle bei der Verankerung von Mixed-Methods im Feld der Sozial-, Verhaltens-, und Gesundheitswissenschaften gespielt. 2012 zählte Onwuegbuzie 31 Bücher, die ausschließlich Mixed-Methods gewidmet waren. Viele dieser Bücher sind Monographien, d.h. nur von einem einzigen Autor bzw. Autorin verfasst (z.B. Greene, 2007). Einige wenige Bücher ebneten bereits in den späten 1980er-Jahren den Weg, wie zum Beispiel Bryman (1988), doch prägten zwei Bücher die Mixed-Methods-Entwicklung in ganz besonderem Maße: das „SAGE Handbook on Mixed Methods in the Social and Behavioral Research“ (Tashakkori & Teddlie, 1. Aufl. 2003, 2. Aufl. 2010). In der ersten und zweiten Auflage dieses Handbuches haben viele Autor_innen das Feld der Mixed-Methods in seiner ganzen Breite entfaltet. Man kann wirklich konstatieren, dass das Handbuch von 2003 der entscheidende Punkt für die Herausbildung von Mixed-Methods als einem eigenständigen Feld der Forschungsmethodologie darstellt. Bald wird ein weiteres Handbuch erscheinen (bei Oxford University Press) und das Feld aufgrund der neuesten Entwicklung erneut erweitern (Hesse-Biber & Johnson, in press). Zusätzlich zu den Handbüchern und Monographien wurden im Verlauf der letzten Jahre zahlreiche Kapitel für Sammelbände geschrieben sowie das Buch von Bergman aus der Schweiz, „Advances in mixed methods research“ (2008) oder das Buch von Andrew und Halcomb aus Australien „Mixed methods research for nursing and the health sciences" (2009). Ferner sind Bücher zu Mixed-Methods erschienen, die speziellen Orientierungen folgen, wie Mertens (2009) mit Orientierung auf soziale Gerechtigkeit, Greene (2007) mit einer philosophische Grundorientierung und Creswell & Plano Clark (2011) mit einer Orientierung in Richtung Methoden und Designformen.

Ohne Zweifel waren Bücher für die Entwicklung unseres Verständnisses von Mixed-Methods richtungweisend. An zweiter Stelle sind auch die Artikel in wissenschaftlichen Zeitschriften zu nennen, die entweder die methodische Diskussion voranbringen oder empirische Studien vorstellen, in denen Mixed-Methods verwendet werden. Heute gibt es im Vergleich zu vor fünf Jahren weitaus mehr Zeitschriftenartikel über Mixed-Methods, die methodische Innovationen vorschlagen und aus denen man die Vorgehensweise dieser Form von Forschung lernen kann. Wissenschaftliche Disziplinen nähern sich Mixed-Methods meist so, dass sie zunächst eine methodologische Diskussion darüber führen, was der Mixed-Methods-Ansatz überhaupt ist und wie er in diesem speziellen Feld bereits angewendet wird. So findet man Berichte über Mixed-Methods-Forschung in speziellen Ausgaben oder Sonderheften diverser wissenschaftlicher Zeitschriften wie den „Annals of Family Medicine" (siehe z.B. Creswell, Fetters, & Ivankova, 2004) oder dem „Journal of Counseling Psychology" (siehe z.B. Hanson, Creswell, Plano Clark, Petska, & Creswell, 2005). Gegenwärtig erscheinen solche Artikel immer häufiger in den unterschiedlichsten Disziplinen wie etwa der Traumaforschung (Creswell & Zhang, 2009), der Gesundheitspsychologie (Dures, Rumsey, Morris, & Gleeson, 2010), der Soziologie (Small, 2011), oder der sozialen Arbeit (Padgett, 2009) sowie in Feldern wie der Gesundheitsversorgung, der Altenpflege, der Familienforschung, dem Marketing, der Städteplanung und der Organisationsforschung.

Konferenzen und Workshops haben ebenfalls zur Verbreitung der Mixed-Methods-Forschung beigetragen. Im Juni 2014 wird die große internationale Mixed-Methods-Konferenz am Boston College stattfinden. Diese Konferenz blickt auf eine zehnjährige Geschichte zurück, in der u.a. Konferenzen an der Cambridge University und der Leeds University im Vereinigten Königreich durchgeführt wurden. In diesem Jahr wird die Konferenz erstmals von der neu gegründeten wissenschaftlichen Vereinigung Mixed Methods International Research Association (MMIRA) getragen, deren Mitgliedschaft sich international und interdisziplinär zusammensetzt. Workshops unter der Leitung von führenden internationalen Wissenschaftler_innen sind zu Kernelementen dieser Konferenzen geworden; sie bieten eine gute Möglichkeit, verschiedene Facetten von Mixed-Methods kennenzulernen.

Die von der US-Bundesregierung finanzierten Programme haben ebenfalls die Mixed-Methods-Forschung gefördert. In einem Artikel untersucht Plano Clark (2010) die Finanzierungspraxis der National Institutes of Health (NIH) und zeigt die Ausweitung der Finanzierung von Mixed-Methods-Projekten bei vielen der Institute wie bspw. beim National Institute for Mental Health und dem National Institute for Nursing. Ein staatlich gefördertes Projekt, das ich durch ein Trainings- und Fortbildungsprogramm unterstützt habe, findet an der Johns Hopkins School of Public Health statt. Es umfasst das Mentoring von 45 Nachwuchskräften in der Mixed-Methods-Forschung aus vielen der NIH-Institute während der nächsten fünf Jahre. Neben diesem speziellen Trainingsprogramm existieren zahlreiche Kurse zu Mixed-Methods-Forschung in den Sozial- und Gesundheitswissenschaften. So habe ich im Frühjahr 2013 eine Klasse von Masterstudierenden am Harvard Department of Global Health and Social Medicine unterrrichtet. Beratungseinrichtungen haben sich an Orten wie der Harvard School of Public Health, der University of Pennsylvania und an meiner eigenen Einrichtung, der University of Nebraska-Lincoln, gebildet.

Der Enthusiasmus über Mixed-Methods ist nicht nur in den USA, sondern in vielen Ländern auf der Welt gewachsen. Workshops sind auf vielen Kontinenten – in Afrika, Asien, Europa und Nordamerika – anzutreffen, z.B. fanden im letzten Jahr eine internationale Konferenz in Bangkok mit 40 Lehrer_innen von Bildungseinrichtungen und im Oktober 2013 das erste International Symposium über Mixed-Methods-Forschung in Tokio statt. Das digitale Zeitalter mit Web-Seminaren, Video-Podcasts und Kindle-Büchern macht es möglich, dass nun viele entwickelte und unterentwickelte Nationen dieser Welt erreicht werden können. Auch im Feld der Evaluation ist ein erweitertes Interesse an Mixed-Methods festzustellen. Zum Beispiel bildete sich eine große „Special Interest Group" (SIG) der American Evaluation Association. Mixed-Methods und Evaluation teilen das Interesse an der Sammlung, Analyse und Interpretation von qualitativen und quantitativen Daten. Evaluationsprozesse mögen zwar manchmal weniger systematisch und formal sein als Mixed-Methods, doch ist die Evaluation heute ein Feld, das stark zum Wachstum der Mixed-Methods-Bewegung beiträgt. Ein weiteres Feld, in welchem die Kombination von qualitativen und quantitativen Daten eine Rolle spielt, ist das Gebiet der Skalen- und Instrumentenentwicklung, in welchem man auch qualitative Daten benutzt (siehe DeVellis, 2012). Das gilt auch für die experimentellen Forschungsmethoden mit ihrem *Goldstandard* „randomisierte kontrollierte Studie" („randomized controlled trial", RCT), wo nun auch zunehmend diskutiert wird, ob man zusätzlich qualitative Daten erheben soll, um die quantitativen Ergebnisse besser zu verstehen (siehe Sandelowski, 1996).

Zahlreiche Faktoren haben zur Entwicklung der Mixed-Methods-Forschung von 1988/89 bis heute beigetragen. Die Komplexität unserer Forschungsprobleme verlangt nach Antworten, die mehr als nur Zahlen im quantitativen und Worte im qualitativen Sinne beinhalten. Eine Kombination von beiden Datenarten ermöglicht eine weitaus vollständigere Analyse dieser Probleme. Forscher_innen stellen Zahlen und statistische Ergebnisse in den Kontext der verbalen Äußerungen von Forschungteilnehmenden und umgekehrt betrachten sie deren verbale Äußerungen vor dem Hintergrund von Zahlen, Trends und statistischen Ergebnissen. Heute sind beide Formen der Daten notwendig. Zudem hat sich die qualitative Forschung in den letzten Jahrzehnten soweit entwickelt, dass sie heute legitime Anerkennung in den Sozial- und Geisteswissenschaften findet (siehe Denzin & Lincoln, 2005). Quantitative Forscher_innnen haben mittlerweile erkannt, dass qualitative Daten eine wichtige Rolle in der quantitativen Forschung spielen können und auf der anderen Seite haben auch qualitative Forscher_innen realisiert, dass die Ergebnisse qualitativer Forschung, die nur auf wenigen Forschungteilnehmenden basieren, schwerlich verallgemeinert werden können. Rezipienten der Forschung wie bspw. politische Entscheidungsträger, Praktiker_innen und andere in den angewandten Bereichen benötigen unterschiedliche Formen von Evidenz, um Forschungsprobleme darzustellen und zu erfassen. Der Ruf nach einem größeren Grad von Differenziertheit und nach *Verfeinerung von Evidenz* führt zu einer Sammlung von beiden Datenarten, von qualitativen und quantitativen.

Dieser kurze Überblick hat die rasante Entwicklung des Mixed-Methods-Ansatzes in Bezug auf Bücher, Zeitschriftenartikel. Konferenzen, Workshops, staatliche Finanzierung, Institutionen und Entwicklungen in verschiedenen Ländern dargestellt. Aber wie sind wir zu diesem Punkt der Entwicklung gelangt? Im Folgenden unterscheide ich fünf Perioden der Entwicklung: die formative Periode, die Periode der Paradigmen-Debatte, die Periode der Entwicklung von Verfahren, die Periode der Vereinheitlichung und Reflexion sowie die Periode der Expansion. Die Darstellung basiert auf vielen diesbezüglichen Kommentaren über die Entwicklung von Mixed-Methods als eigenem Feld wie man sie etwa bei Tashakkori & Teddlie (2003, 2010) und Creswell & Plano Clark (2011) findet.

Die formative Periode: Als Mixed-Methods begann

Es lässt sich schwer sagen, wann genau die Mixed-Methods-Forschung begonnen hat. Die formative Periode, die Zeit der Pioniere der heutigen Mixed-Methods, erstreckt sich von den 1960er- bis in die 1980er-Jahre. In dieser Zeit sammelten Soziolog_innen und Psycholog_innen zwar sowohl quantitative als auch qualitative Daten (z.B. Sieber, 1973), aber im Forschungsprozess wurden normalerweise beide Datenarten getrennt behandelt und man zog nicht in Betracht, dass man durch Integration und Kombination der Daten zusätzlichen Gewinn erzielen könnte. Es gab aber auch andere Autor_innen, die, wie bspw. Denzin (1978), für die Nutzung von multiplen Datenquellen – quantitativ und qualitativ – plädierten. Außerdem forderten mehrere anerkannte Vertreter der quantitativen Forschung wie Campbell (1974) und Cronbach (1975) dazu auf, im Rahmen von experimentellen Studien auch qualitative Daten zu erheben. Die Erhebung beider Datenarten findet man auch im Feld der Evaluation; ja, Evaluator_innen sehen sich selbst oft als die ersten Nutzer von Mixed-Methods. In den 1980er- und 1990er-Jahren war die Anwendung von Mixed-Methods in der Evaluation aber nur wenig formalisiert und die Evaluator_innen hatten dabei weniger die Grundidee des Mixings oder der Verbindung der Daten im Sinn, als vielmehr die Prozesse und die Ergebnisse der Evaluation. Es gab auch damals bereits Forscher_innen, die die Möglichkeit der Nutzung von mehreren Methoden zum Zwecke des besseren Verständnisses von Problemen diskutierten. In diesem Kontext wird oft auf die Forschungsarbeiten von Psycholog_innen über Persönlichkeitsmerkmale verwiesen, die man als die Anfänge des Mixed-Methods-Denkens begreift. So entwickelten Campbell & Fiske (1959) die Multitrait-Multimethod-Analyse, doch fokussierten sie dabei ausschließlich auf multiplen quantitativen Methoden.

In den späten 1980er-Jahren bis in die 1990er-Jahre begann dann eine kleine Gruppe von Wissenschaftler_innen qualitative und quantitative Forschung zu kombinieren; sie schrieben darüber und präsentierten Papers auf Konferenzen. Diese Autor_innen stammten aus der amerikanischen (Brewer & Hunter, 1989) und englischen Soziologie (Fielding & Fielding, 1986), dem Bereich der Evaluation (Greene, Caracelli, & Graham, 1989) in den USA, aus dem Management im Vereinigten Königreich (Bryman, 1988), der Altenpflege in Kanada (Morse, 1991), aus der Familienmedizin in der USA (Crabtree & Miller, 1991) und aus dem Bildungsbereich in den USA (Creswell, 1994). Interessanterweise standen die Autor_innen nicht in Kontakt zueinander, sondern arbeiteten gleichzeitig und unabhängig voneinander in verschiedenen Disziplinen und an verschiedenen Orten der Welt. Damit legten diese Autor_innen den Grundstein für die Mixed-Methods-Designs wie wir sie heute kennen.

Die Periode der Paradigmen-Debatte: Die Frage nach Mixed-Methods

Die Periode der Paradigmen-Debatte begann in den 1970er- und 1980er-Jahren und setzt sich auch heute noch fort. Es war eine Zeit, in der Wissenschaftler_innen einen philosophischen Blick auf Mixed-Methods entwickelten und die Frage nach einer Fundierung in einer philosophischen Weltanschauung (World View) stellten: Ist die Mixed-Methods-Forschung mit einer bestimmten Weltsicht verbunden oder können Mixed-Methods-Studien aus der Perspektive mehrerer Weltsichten durchgeführt werden? Es kam zu einer Debatte, in der bezweifelt wurde, dass eine post-positivistische Weltanschauung (die mit quantitativer Forschung assoziiert ist) mit einer konstruktivistischen Weltanschauung vereinbar sei. Manche Autoren (z.B.

Smith, 1983) wandten ein, dass die Idee von Mixed-Methods unhaltbar sei, weil sich die zugrunde liegenden Weltanschauungen nicht vereinbaren ließen. Diese Debatte fand ihren Höhepunkt im Jahr 1994, als bekannte Autor_innen auf der jährlichen Konferenz der American Evaluation Association die verschiedenen Positionen diskutierten (Reichardt & Rallis, 1994). In neuerer Zeit wird allerdings argumentiert, dass philosophische Grundlagen und Forschungsmethodik nicht so eng miteinander verbunden seien (Denzin & Lincoln, 2005), doch hält die Suche nach der idealen Philosophie oder Weltanschauung zur Untermauerung von Mixed-Methods-Forschung weiter an. 2003 stellten Tashakkori & Teddlie fest, dass viele Autor_innen den Pragmatismus als die zugrunde liegende Philosophie betrachten, d.h., die auf Forschungsfragen und das „what works" fokussieren. Weitere Positionen sind in jüngster Zeit in der Literatur aufgetaucht, wie der kritische Realismus (Maxwell, 2012) und der dialektische Pluralismus (Johnson, 2012). Andere wie z.B. Morgan (2014) weisen darauf hin, dass die Weltanschauungen der Forschenden innerhalb einer Wissenschaftsgemeinschaft geformt werden, welche die Probleme und Methoden definiert. Diese Paradigmendebatte hat sich, über die engere Frage nach der Fundierung von Mixed-Methods hinaus, hin zu einer Debatte über alternative Weltanschauungen als philosophische Grundlage der eigenen Forschungsarbeit ausgeweitet.

Die Periode der Entwicklung von Verfahren: Techniken entwickeln sich

Etwa ab 1989 hat eine Phase begonnen, in der die Entwicklung von Verfahren und Techniken für Mixed-Methods im Mittelpunkt steht. 1989 entwickelten Greene, Caracelli & Graham verschiedene Typen von Mixed-Methods-Forschungsdesigns und spezifizierten Gründe für die Verwendung der einzelnen Typen. Die Autor_innen kamen aus dem Feld der Evaluation und ihre Differenzierung der Designs folgte logischerweise den Entwicklungen in der quantitativen experimentellen Forschung (Campbell & Stanley, 1963) und den diversen Typen der qualitativen Forschung. Mit diesen Designtypen waren auch die Begründungen für ihre jeweilige Nutzung verbunden; auch heute ist es für Mixed-Methods-Autor_in-nen wichtig, ihre Gründe für die Nutzung von qualitativen und quantitativen Daten darzulegen. Es war während der 1990er-Jahre, dass die Idee der Kombination von qualitativen und quantitativen Forschungen zur Kernidee von Mixed-Methods wurde. In den methodologischen Diskussionen (z.B. Tashakkori & Teddlie, 1998) und in der ersten Ausgabe des Handbook (Tashakkori & Teddlie, 2003), kristallisierte sich die Idee heraus, dass es die Kombination und Integration von Datenerhebungen und Forschungsprozessen sei, die den Wert von Mixed-Methods darstellten. Im Anschluss daran nutzte man Diagramme, um die verschiedenen Varianten von Designs darzustellen. Dabei wurde auch ein Notationssystem entwickelt, das die Grundzüge und Ergebnisse eines Designs in eine gleichungsähnliche Darstellung brachte. Auch Bücher (z.B. Creswell & Plano Clark, 2011) haben spezifische Mixed-Methods-Techniken und -Verfahren für die Durchführung beschrieben, sodass heute eine Mixed-Methods-Studie eine Reihe von Kriterien methodischer Strenge erfüllen muss; dazu gehören:

- eine eindeutige Begründung für die Methodenintegration,
- ein Design, das zur Mixed-Methods-Forschungsfrage passt,
- die Spezifizierung eines bestimmten Designtyps,
- ein Diagramm des Designs,
- die Identifikation von methodischen Problemen (oder Herausforderungen), die dem Design inhärent sind,
- tabellarische oder graphische Darstellungen, die beide Datenarten miteinander in Verbindung bringen, sogenannte Joint Displays,
- eine Strukturierung des Forschungsberichts, die zum Designtyp passt, und
- die Evaluationskriterien für die Beurteilung der Qualität einer Studie (Creswell & Zhang, 2009).

Die Periode der Vereinheitlichung und Reflexion

Meinem Eindruck nach begann diese Periode mit dem Erscheinen des Handbook of Mixed-Methods in Social & Behavioural Research (Tashakkori & Teddlie, 2003) im Jahre 2003 und hält bis heute an. Dieses 768 Seiten starke Handbuch hat die wesentlichen Züge der Mixed-Methods-Forschung in all ihren Facetten herausgearbeitet und stellte einen bedeutenden Meilenstein hinsichtlich der Definition dieses Forschungsfeldes dar: Es hat dazu geführt, dass Mixed-Methods sowohl als eine Methode der Datenerhebung (das heißt der Erhebung von quantitativen und qualitativen Daten und beider Integration) als auch als eine Methodologie (das heißt ein voraussetzungsvolles Forschungsvorgehen hinsichtlich der philosophischen Annahmen, der Interpretationen und dem Verfassen der Ergebnisse) verstanden wurde. Die Autor_innen bezeichneten dies als „dritte methodologische Bewegung" (Tashakkori & Teddlie, 2003: 5), das bedeutete, dass Mixed-Methods, als dritte Bewegung, auf die Entwicklung der quantitativen und der qualitativen Forschung folgte. Autoren wie Johnson & Onwuegbuzie (2004: 5) haben es „das dritte Forschungsparadigma" genannt und Mayring (2007: 1) sprach von Mixed-Methods als „... ein(em) neuen Stern am Himmel der Sozialwissenschaften".

In dieser Periode wurde der Name Mixed-Methods gebräuchlich – zunächst im Handbook, dann im 2007 gegründeten Journal of Mixed Methods Research (JMMR), und schließlich heute in der neuen, wachsenden professionellen wissenschaftlichen Vereinigung, der Mixed Methods International Research Association (MMIRA), die sich im Sommer 2013 konstituiert hat. Nach 2003 erschienen einige grundlegende Bücher zu Mixed-Methods, die sich auf unterschiedlichste Weise hinsichtlich philosophischer, Design- und Theoriefragen um eine Definition des Forschungsfeldes bemühten; Beispiele hierfür sind Mixed-Methods in Social Inquiry (Green, 2006), Mixed-Methods-Design (Morse & Niehaus, 2009) und Mixed-Methods Research (Nagy Hesse-Biber, 2010).

Während einige Autoren damit begannen, das Forschungsfeld abzugrenzen, beschäftigten sich andere mit Einzelfragen und arbeiteten Widersprüche heraus. Im Handbuch (Tashakkori & Teddlie, 2003), in Keynote-Konferenzvorträgen, in Einzelbeiträgen etlicher Sammelbände wurden kritische Themenbereiche benannt. Die Diskussionen kreisten um Fragen der philosophischen Grundlagen von Mixed-Methods, um Unklarheiten bei Fragen der Datenintegration, um die im Forschungsfeld verwendeten Begrifflichkeiten, um die Herausforderung methodologischer Differenzen innerhalb von Mixed-Methods-Forschungsteams, um die Herausforderung, sich über grundlegende Ideen des Ansatzes zu verständigen und um die Notwendigkeit, Verfahren und Abläufe bei der Durchführung von Mixed-Methods-Studien besser zu verstehen. Wie bei allen neuen Methodologien hält die Diskussion um diese Herausforderungen bis heute an.

Die Phase der Expansion: neue Disziplinen, neue Länder

Im letzten Jahrzehnt, speziell in den letzten fünf Jahren, hat die praktische Anwendung von Mixed-Methods weltweit eine beträchtliche Ausweitung hinein in neue Disziplinen und weitere Länder erfahren. Dies ist sicherlich teilweise der starken Zunahme von Fachartikeln über Mixed-Methods-Forschungen zu verdanken. Inzwischen gibt es eine Reihe von Zeitschriften, die speziell auf Mixed-Methods ausgerichtet sind: Das Journal of Mixed Methods Research, das International Journal of Multiple Approaches to Research und Field Methods. Ein Typ der hier veröffentlichen Aufsätze sind Berichte zu empirischen Studien unterschiedlichster Fachgebiete, die spezielle Themen fokussieren und dabei Mixed-Methods anwenden. Die im Journal of Mixed-Methods Research veröffentlichten Studien illustrieren diesen Artikeltyp für etliche Themen in den Sozial-, Verhaltens- und Gesundheitswissenschaften. Häufig werden in diesen Beiträgen die neuesten Bücher über Mixed-Methods zitiert und die in den referierten Forschungsprojekten verwendeten Mixed-Methods-Designtypen werden spezifiziert und beschrieben. Ein zweiter Artikeltyp ist ebenfalls über Forschungsfelder und Disziplingrenzen hinweg angewachsen; hier geht es um die Beschäftigung mit den Methoden der Mixed-Methods. Die Aufsätze erörtern das Anwendungspotenzial von Mixed-Methods und enden nicht selten damit, dass sie spezifische Artikel aus dem Feld von Mixed-Methods zitieren. Meistens publizieren die Autor_innen die Artikel in führenden Magazinen ihrer Felder, sodass die Leser_innen über diese Methodologie lernen können. Gute Beispiele für diese methodologischen Schriften findet man im Bereich der Traumaforschung (Creswell & Zhang, 2009), in den Gesundheitswissenschaften (Steward, Makwarimba, Barnfather, Letourneau, & Neufeld, 2008), in der multikulturellen Beratung (Plano Clark & Wang, 2010) und in der Versorgungsforschung (Creswell, Fetters, & Ivankova, 2004).

Auch die Kurse und Workshops über Mixed-Methods haben sich in diverse Disziplinen und Fachgebiete ausgeweitet. Fragen zur „Lehre von Mixed-Methods" sind im Laufe der Jahre immer wieder Thema gewesen.

Diskutiert wurden die Inhalte von Kursen und Lehransätze (Creswell, Tashakkori, Jensen, & Shapley, 2003), wie man qualitative und quantitative Forschung im Rahmen eines Mixed-Methods-Ansatzes Master-Studierenden nahebringt (Onwuegbuzie & Leech, 2009) sowie die Stärken und Herausforderungen durch Mixed-Methods-Kurse (siehe Christ, 2009). Inzwischen werden in den USA auch verschiedene internationale Onlinekurse über Mixed-Methods angeboten, z.B. von der University of Nebraska-Lincoln, der University of Arkansas und der University of Alabama-Birmingham. Zusätzlich unterstreichen Artikel wie der erwähnte von Christ die Relevanz von pädagogischen Fragen in Bezug auf die Lehre von Mixed-Methods.

Die aktuelle Diskussion befasst sich mit den Fähigkeiten, die für die Durchführung einer Mixed-Methods-Studie benötigt werden (Creswell, 2014b), mit der Thematik der Mixed-Methods-Lehre und der Frage, wie man die Fähigkeiten der Studierenden evaluieren kann. Workshops mit praktischer Ausrichtung erlauben ein tiefgehendes Lernen von vielen Themengebieten der Mixed-Methods-Forschung; das Spektrum reicht von großen, gesponsorten Workshops an den National Institutes of Health bis hin zu Workshops auf einschlägigen Konferenzen wie der Konferenz der Mixed Methods International Research Association am Boston College im Juni 2014. Auch namhafte Institutionen wie die Harvard University stellen Kurse in der Form universitärer Seminare und Workshops zur Verfügung. So bot Harvard zum Beispiel den ersten Mixed-Methods-Kurs in Medizin am Department of Global Health and Social Medicine an und Johns Hopkins veranstaltete zum zweiten Mal in der School of Public Health einen Workshop über Mixed-Methods-Forschung und psychische Gesundheit.

Workshops und Konferenzen über Mixed-Methods-Forschung gibt es nun in vielen Ländern rund um den Globus: Im Oktober 2013 fand das First Symposium on Mixed Methods Research in Tokio (Japan) statt. In Südafrika hat sich die Mixed-Methods-Forschung an mehreren großen Universitäten etabliert, wie an der University of Pretoria, an der University of Johannesburg, und an der University of the Western Cape. In Thailand brachte eine große Bildungskonferenz vierzig verschiedene College-Lehrer_innen zusammen, die sich auf Mixed-Methods fokussieren und auch in Europa dringt die Mixed-Methods-Forschung in Workshops und Konferenzen immer weiter vor; zu nennen sind die internationalen Konferenzen an der University of Cambridge und der Leeds University sowie ein einwöchiger Workshop zur Nutzung von Mixed-Methods im Sommer 2013 an der Cambridge University und dem Cambridge Assessment.

Ohne Zweifel entwickelt sich Mixed-Methods zu einer globalen Methodologie und wenn sie in neue Länder Einzug hält, wird sie dort in die jeweilige Kultur eingepasst. Ein Weg, wie dies geschieht, ist die Übersetzung von Mixed-Methods-Büchern in viele verschiedene Sprachen. Manche Länder haben dabei eine natürliche Affinität zu qualitativer Forschung (z.B. Südafrika), während andere mehr zu quantitativen Richtungen tendieren (z.B. Thailand). Solche Präferenzen sollten beachtet werden, wenn Mixed-Methods in ein neues Land eingeführt wird. Das Gleiche gilt für spezielle Orientierungen und Besonderheiten in den einzelnen Ländern, wie z.B. den Gebrauch von Fotos und Audio sowie die Partizipation von Bürger_innen als aktive Co-Forscher_innen in den Forschungsprojekten in der qualitativen Sozialforschung in Südafrika.

Fazit

Mixed-Methods hat sich also durch diverse Entwicklungsphasen von der formativen Anfangsperiode, über eine philosophische und eine prozedurale Periode, eine Periode der Vereinigung und Reflexion bis hin zur gegenwärtigen Expansionsperiode fortentwickelt. Gewiss kann man nicht behaupten, dass Mixed-Methods nun völlig ausgereift wäre, denn Mixed-Methods-Verfahren werden auch heute noch verbessert und verfeinert. Auf alle Fälle ist der Weg zu spezifischen Verfahren und Techniken und damit zu methodischer Strenge ein Schritt in die richtige Richtung. Die beschriebenen fünf Phasen der Entwicklung haben keine genau bestimmbaren Endpunkte, sondern dauern weiter an, so wie die Diskussion über Weltanschauungen und Paradigmen fortdauert, die Ausweitung der Methoden und Techniken sich fortsetzt und die Adaptierung von Mixed-Methods in den verschiedenen Disziplinen und Ländern weitergeht. Ohne Zweifel wird das weitere Wachstum zu einer Fragmentierung der Mixed-Methods-Community führen und Dachorganisationen wie MMIRA und allumfassende Publikationen wie das Journal of Mixed Methods Research werden sich der Expansion und dem

Wachstum anpassen müssen. Die Vereinheitlichung des Felds im Bereich der Bücher, Workshops und Kurse muss offen bleiben, sodass neue Wissenschaftler_innen und neue Ideen sich im Feld entwickeln können.

Kapitel 1
Grundlagen und Grundbegriffe von Mixed-Methods-Forschung

Themen dieses Kapitels

- Vorgeschichte von Mixed-Methods
- Verschiedene Definitionen von Mixed-Methods
- Sind Mixed-Methods ein drittes Paradigma?
- Der amerikanische Pragmatismus als philosophische Grundlage von Mixed-Methods
- Das Verhältnis von Mixed-Methods und Triangulation
- Motive für den Einsatz von Mixed-Methods
- Empfehlungen und Überlegungen für die Forschungspraxis

Zur Vorgeschichte von Mixed-Methods

Aus europäischer Sicht besitzt eine mit der Kombination von qualitativen und quantitativen Daten arbeitende Forschung eine längere Vorgeschichte als sie aus amerikanischer Sicht erscheint: In den Anfängen der empirischen Sozialforschung im ersten Drittel des 20. Jahrhunderts herrschte noch ein relativ unbefangener und unideologischer Umgang hinsichtlich der Kombination von qualitativen und quantitativen Methoden vor. In der Methodologie Max Webers findet man sogar eine programmatische Verknüpfung von beiden Methoden.

Bereits in den 1920er-Jahren vollzog sich aber eine zunehmend eigene Entwicklung von qualitativen und quantitativen Ansätzen. Mit der dominierenden Stellung des Behaviorismus kam es seit den 1950er-Jahren mehr und mehr zu einer oppositionellen, teilweise sogar von Feindlichkeit geprägten Gegenüberstellung von quantitativen und qualitativen Ansätzen. Seit den späten 1970er-Jahren ist sogar vielfach von den beiden *Paradigmen* sozialwissenschaftlicher Methoden die Rede, so als würden diese beiden Methodenrichtungen völlig verschiedenen Logiken und Regeln folgen.

Zu den Begriffen „qualitative Methoden“ und „quantitative Methoden“ existieren zahlreiche Definitionen, die hier nicht ausgebreitet werden sollen. Es soll genügen, darauf zu verweisen, dass quantitative Methoden mit standardisierten Erhebungsinstrumenten assoziiert sind, dem Modell des naturwissenschaftlichen Messens folgen und mit numerischen Daten arbeiten. Sie intendieren Inferenzschlüsse von einer im Idealfall per Zufallsauswahl zustande gekommenen Stichprobe auf eine Grundgesamtheit. Qualitative Verfahren arbeiten demgegenüber mit nicht-numerischen Daten, postulieren Offenheit, Authentizität und basieren auf der Interaktion und Kommunikation von Forschenden und Forschungsteilnehmenden. Bei den qualitativen Verfahren geht es stärker um die Sichtweisen der Forschungsteilnehmenden, um die Bedeutung, die sie dem Forschungsgegenstand beimessen, um ihre Motive und biographische Bezüge. Für die qualitativen wie die quantitativen Methoden gilt, dass sie keineswegs einen einheitlichen Block darstellen, sondern ein großes Spektrum teilweise auch heterogener Ansätze umfassen.

Plakative Gegenüberstellungen „qualitativ versus quantitativ“ blenden diese in der Realität anzutreffende Vielfalt und Heterogenität der Ansätze zugunsten eines scheinbaren Dualismus aus. Bei solchen tabellarischen Vergleichen, wie man sie bspw. bei Lamnek (2010: 268-269) findet, wäre man kaum überrascht, Zuordnungen der Art „qualitative Methoden = warm“ und „quantitative Methoden = kalt“ vorzufinden. Der Komplexität der Ansätze kann dies aber schwerlich gerecht werden. Häufig beziehen sich die in solchen Gegenüberstellungen dargestellten Differenzen zwischen den beiden Methoden auf sehr verschiedene Ebenen, angefangen von der wissenschaftstheoretischen Orientierung über die Intention und Selbstdefinition der Forschenden bis hin zur Ebene der ganz konkreten Verfahren der Datenerhebung. Nun besteht aber keineswegs notwendigerweise eine enge Verknüpfung zwischen wissenschaftstheoretischer Ausrichtung und den eingesetzten Methoden: Naiver Empirismus kann sich beispielsweise problemlos beider Methoden bedienen.

Methodenkombination bedeutet allgemein, dass im Rahmen eines Forschungsprojektes beide Methoden und Datenarten, qualitative und quantitative, in sinnvoller Weise miteinander verbunden werden. Dies kann sowohl methodologisch begründet geschehen, als auch in der inhaltlichen Logik eines Forschungsprojekts begründet sein. In der Geschichte der empirischen Sozialforschung lassen sich viele Forschungsprojekte finden, in denen eine solche Methodenkombination praktiziert wurde. Als klassisches Beispiel ist etwa die Marienthal-Studie (vgl. Jahoda et al., 1980, erstmals 1933) zu nennen, in der Experteninterviews, Leitfadeninterviews, qualitative Inhaltsanalyse, aber auch quantitative Beobachtungen, Fragebögen, Protokollbögen zur quantitativen Erfassung von sozialen Phänomenen und anderes mehr zu den eingesetzten Methoden zählten. Die in der Marienthal-Studie praktizierte Typenbildung, ebenfalls eine Kombination quantitativer und qualitativer Daten, reicht in ihrer Tradition zurück bis auf Max Webers Konzept der verständlichen Handlungstypen (vgl. Kuckartz, 2009: 96-106).

In den 1960er- und 1970er-Jahren spielte in Deutschland die standardisierte quantitative Richtung in der empirischen Forschung eine beherrschende Rolle, seit den 1980er-Jahren haben sich aber erhebliche Verschiebungen in der Praxis der empirischen Sozialforschung ergeben: Die qualitative Forschung hat seither einen starken Aufschwung erlebt (vgl. Flick, 2007: 30-36) und heute steht der Umfang der Methodenliteratur zur qualitativen Forschung keineswegs hinter dem der quantitativen Forschung zurück. Gleichzeitig hat sich die zu Beginn der 1980er-Jahre erbittert geführte Kontroverse um quantitative *versus* qualitative Methoden tendenziell entschärft und es ist eine Diskussion um die Kombination beider Methoden entstanden. Diese firmiert unter verschiedenen Überschriften wie bspw. Methodenintegration, Triangulation, Methodenkombination und natürlich auch Mixed-Methods, der im angelsächsischen Raum dominierenden Bezeichnung. In der Einleitung zu diesem Buch hat John Creswell die Entwicklung und die Diskussionsstränge von Mixed-Methods im internationalen Rahmen detailreich beschrieben. Für seine Protagonisten stellt der Mixed-Methods-Ansatz ein neues zeitgemäßes Methodenverständnis dar, das der Komplexität heutiger Forschungsfragen entspricht und das die alte Dualität der Ansätze – qualitativ versus quantitativ – in einem neuen Ansatz – manche sprechen vom *dritten Paradigma* (Teddlie & Tashakkori, 2003) – aufhebt.

Die Traditionslinien von Mixed-Methods, wie sie von Creswell in der Einleitung zu diesem Buch dargestellt werden, verweisen auf die Sozialforschung der 1950er- und 1960er-Jahre etwa auf das Konzept der Multitrait-Multimethods-Analyse der amerikanischen Psychologen Donald Campbell und Donald Fiske (1959). Bei Creswell wie generell in der amerikanischen Diskussion beruft man sich hingegen nur selten auf ältere, vor den 1950er-Jahren liegende Traditionen wie bspw. die eher sozialpsychologisch orientierte von Paul Lazarsfeld oder die soziologisch orientierte von Max Weber und anderen.

Definitionen von Mixed-Methods

In diesem Buch wurde bislang der Frage, wie man überhaupt Mixed-Methods definiert, noch keine besondere Aufmerksamkeit geschenkt, sondern implizit davon ausgegangen, dass Mixed-Methods ganz allgemein den kombinierten Einsatz von qualitativen und quantitativen Forschungsmethoden bedeutet, d.h. die Integration von Methoden, Verfahren und Techniken, die zwei verschiedenen Ansätzen bzw. Methodenbereichen entstammen. Es ist aber durchaus sinnvoll, die Frage „Was versteht man überhaupt unter Mixed-Methods?“ noch einmal explizit zu stellen und sich die zahlreich existierenden Definitionen näher anzuschauen. In einem viel beachteten und häufig zitierten Artikel haben Burke Johnson et al. (Johnson, Onwuegbuzie & Turner, 2007) 19 verschiedene Definitionen von Mixed-Methods zusammengetragen, von denen hier eine kleine Auswahl zitiert[2] wird:

John Creswell:
Mixed-Methods research is a research design (or methodology) in which the researcher collects, analyzes, and mixes (integrates or connects) both quantitative and qualitative data in a single study or a multiphase program of inquiry.

---

2 Alle Zitate sind der Zusammenstellung von Johnson et al. (2007) entnommen und nicht jeweils erneut als Zitat gekennzeichnet.

Jennifer Greene:
Mixed method inquiry is an approach to investigating the social world that ideally involves more than one methodological tradition and thus more than one way of knowing, along with more than one kind of technique for gathering, analyzing, and representing human phenomena, all for the purpose of better understanding.

Burke Johnson and Anthony Onwuegbuzie:
Mixed methods research is the class of research where the researcher mixes or combines quantitative and qualitative research techniques, methods, approaches, concepts or language into a single study or set of related studies.

Udo Kelle:
Mixed methods means the combination of different qualitative and quantitative methods of data collection and data analysis in one empirical research project. This combination can serve for two different purposes: it can help to discover and to handle threats for validity arising from the use of qualitative or quantitative research by applying methods from the alternative methodological tradition and can thus ensure good scientific practice by enhancing the validity of methods and research findings. Or it can be used to gain a fuller picture and deeper understanding of the investigated phenomenon by relating complementary findings to each other which result from the use of methods from the different methodological traditions of qualitative and quantitative research.

Donna Mertens:
Mixed methods research, when undertaken from a transformative stance, is the use of qualitative and quantitative methods that allow for the collection of data about historical and contextual factors, with special emphasis on issues of power that can influence the achievement of social justice and avoidance of oppression.

Michael Q. Patton:
I consider mixed methods to be inquiring into a question using different data sources and design elements in such a way as to bring different perspectives to bear in the inquiry and therefore support triangulation of the findings. In this regard, using different methods to examine different questions in the same overall study is not Mixed-Methods.

Abbas Tashakkori and Charles Teddlie:
Mixed methods research is a type of research design in which QUAL and QUAN approaches are used in type of questions, research methods, data collection and analysis procedures, or in inferences.

Nun weiß man auch aus anderen Wissensgebieten, dass das Vorhandensein verschiedener Definitionen mit unterschiedlicher Schwerpunktsetzung völlig normal ist und keineswegs als wissenschaftliches Defizit zu gelten hat. Auch ist das Bemühen um eine Vereinheitlichung von Definitionen wissenschaftlicher Konzepte oder grundlegender Begriffe meistens nicht von Erfolg gekrönt. Die obigen Beispiele von bedeutenden Vertretern und Vertreterinnen der Mixed-Methods-Forschung offenbaren ja auch sehr unterschiedliche (persönliche) Weltsichten und Perspektiven, was etwa am Statement von Donna Mertens gut erkennbar ist: Bei ihr geht es explizit um gesellschaftspolitische Zielsetzungen, nämlich soziale Gerechtigkeit voranzubringen und Unterdrückung zu verhindern. Eine persönliche Haltung, nämlich die ungerechte Welt da draußen zu verändern, wird normativ zur Grundlage und zum Ziel der Forschung erklärt; die Wahl der Methoden ist dieser Zielsetzung untergeordnet. Demgegenüber stehen die stärker methodisch und prozedural orientierten Definitionen von Creswell, Johnson, Onwuegbuzie, Tashakkori und Teddlie.

Für Patton steht eindeutig die Zielsetzung der Validierung und der Triangulation im Mittelpunkt. Ähnlich ist es bei Kelle, der aber explizit zwischen der Zielsetzung der Validierung und dem Ziel, eine breitere Perspektive und ein besseres Verständnis des untersuchten Phänomens zu gewinnen, differenziert. Dieser Aspekt der verschiedenen, möglicherweise komplementären Perspektiven und des besseren Verständnisses durch multimethodisches Vorgehen findet sich auch bei Greene.

Der Definition von Tashakkori und Teddlie kann man schon implizit entnehmen, dass das „Mixing" in jeder Phase des Forschungsprozesses stattfinden kann. Creswells Definition ist auch deshalb interessant, weil hier explizit der Begriff Methodologie auftaucht, also der Anspruch, der Mixed-Methods-Forschung ein eigenes methodologisches Fundament zu geben und nicht nur quantitative und qualitative Methoden und Techniken zu kombinieren.

Die kurzen Zitate können natürlich nicht die Vielschichtigkeit der Positionen der einzelnen Wissenschaftler_innen repräsentieren. So machen sich selbstverständlich auch die Autor_innen eher methodisch-technischer orientierter Definitionen in ihren Publikationen Gedanken über die Gründe und Legitimationen für den Einsatz von Mixed-Methods in der empirischen Forschung – und selbstverständlich können Autor_innen ihre Forschung auch als Beitrag zu mehr sozialer Gerechtigkeit verstehen, wenn sie dies nicht explizit in ihrer Definition von Mixed-Methods erwähnen.

Ich bevorzuge in diesem Buch eine Arbeitsdefinition von Mixed-Methods, die sich an die methodisch akzentuierten Statements anlehnt.

Definition
Unter Mixed-Methods wird die Kombination und Integration von qualitativen und quantitativen Methoden im Rahmen des gleichen Forschungsprojekts verstanden. Es handelt sich also um eine Forschung, in der die Forschenden im Rahmen von ein- oder mehrphasig angelegten Designs sowohl qualitative als auch quantitative Daten sammeln. Die Integration beider Methodenstränge, d.h. von Daten, Ergebnissen und Schlussfolgerungen, erfolgt je nach Design in der Schlussphase des Forschungsprojektes oder bereits in früheren Projektphasen.

Den Aspekt der Gründe bzw. Motive für die Verwendung eines Mixed-Methods-Ansatzes habe ich bewusst nicht in die Definition mit hineingenommen, denn die Wahl eines Designs bestimmt sich ja jeweils in Bezug auf die Angemessenheit für die zu untersuchende Forschungsfrage. So ist also jeweils konkret zu begründen, warum ein solches Design bei der gestellten

Forschungsfrage einen Gewinn darstellt, etwa durch die Multiperspektivität. Die Thematisierung der Frage, ob es sich bei Mixed-Methods um eine eigene Methodologie handelt (wie von Creswell und anderen als Anspruch formuliert), erfolgt weiter unten. So wichtig die Diskussion darüber auch sein mag, die Hineinnahme eines solchen epistemologischen Statements in die Definition von Mixed-Methods scheint mir der eigentlichen Intention von Mixed-Methods zu widersprechen, nämlich der Forschungsfrage die Priorität vor der Epistemologie einzuräumen.

Die Redeweise vom „Combining qualitative and quantitative approaches" ist seit einiger Zeit ein Trend in der sozialwissenschaftlichen Forschungspraxis – in Amerika und rund um den Globus. Die Liste, der von Creswell in der Einleitung zu diesem Buch erwähnten Autor_innen, lässt sich problemlos noch um viele weitere Autorinnen und Autoren erweitern, die nur in nationalen Kontexten publizieren und deshalb auch nur dort wahrgenommen werden. Wie Creswell in seiner Einleitung schon erwähnte, ist es aber keineswegs so, dass die Position der Methodenkombination allseitig auf Akzeptanz stoßen würde. Sehr häufig findet man auch die Gegenposition, nämlich dass qualitative und quantitative Methoden, zum Paradigma erhöht, inkommensurabel sind, und zwar nicht als Methoden, sondern als Methodologie mit dahinter stehenden wissenschaftlichen und philosophischen Grundannahmen über die Natur menschlicher Erkenntnis oder gar über die Natur des Menschen selbst. Nicht untypisch für solche Positionen ist die Argumentation von Hans-Georg Soeffner, einem Veteran und Pionier qualitativer Methoden in der deutschen Soziologie. Soeffner leitete seinen Vortrag auf dem Berliner Methodentreffen 2013 mit der grundlegenden Feststellung ein, dass der Mensch ein Mängelwesen sei. Auf diese Feststellung folgte eine lange Kette von Argumenten, an deren Ende eine methodisch mehr oder weniger unkontrollierte Interpretation von Texten als „richtige Methode soziologischer Forschung" stand. Dagegen steht die Position vieler anderer oben erwähnter Autor_innen, dass sich qualitative und quantitative Methoden nicht diametral und unversöhnlich gegenüberstehen, sondern sich durchaus ergänzen können. Dass sie je nach Forschungsfrage mehr oder weniger angemessen („indiziert") sind, so wie auch eine bestimmte ärztliche Behandlung oder auch ein Medikament nicht per se besser als ein anderes oder eine andere seien, sondern dass es eben von der Indikation abhängt. Clive Seale, ein englischer Medizinsoziologe und Methodiker, dessen Überlegungen zur Qualität von qualitativen Daten (Seale, 1999) weite Verbreitung gefunden haben, hat anlässlich eines Vortrags bei der CAQDAS-Konferenz 2007 in London[3] folgendes Bild zur Differenzierung unterschiedlicher Methoden entfaltet: Man stelle sich vor, man kreise mit einer Raumstation um die Erde. Von dort lässt sich ein phantastischer Überblick über unseren Planeten gewinnen, die Kontinente, die Bergmassive, bei Nacht das Licht, das die Städte verursachen, all das lässt sich hervorragend erkennen. Nun bewege man sich ähnlich wie bei der Software Google Earth näher und näher auf die Erde zu. Man erkennt zunächst die Konturen der Städte, dann die Straßen, schließlich die Häuser, die Gärten, ja sogar einen Swimming Pool und vielleicht jemanden, der an dessen Rand im Liegestuhl liegt. Man kann nun immer näher herangehen, das optische Instrumentarium wechseln bis hin zum Elektronenmikroskop, welches das Innerste der Welt da draußen mit einer Auflösung bis zu 0,1 Nanometer sichtbar machen kann. All diese Ansichten sind miteinander kompatibel und unterscheiden sich nur durch ihren Fokus und das jeweils notwendige technische Instrumentarium, mit der wir das Forschungsobjekt „Blauer Planet" betrachten und sichtbar machen.

Zu den Grundvoraussetzungen von Mixed-Methods-Forschung gehört im Kern die *Kompatibilitätsannahme*, dass also die beiden Methoden tatsächlich miteinander vereinbar sind, sich ergänzen und unterschiedliche Perspektiven liefern. Entscheidend ist die Forschungsfrage, sie bestimmt den Fokus, besser gesagt die Fokusse des Forschungsprojekts. Es geht nicht an erster Stelle um philosophische Grundannahmen oder Epistemologie, sondern um die Frage „Welche Methoden sind bei der Beantwortung der Forschungsfrage nützlich?".

3 CAQDAS 2007 Conference: Advances in qualitative Software. Dort hielt Clive Seale die Keynote „Comparative keyword analysis: a computer-assisted method for the qualitative analysis of text." http://www.surrey.ac.uk/sociology/research/researchcentres/caqdas/trainingandevents/caqdas_2007_conference_advances_in_qualitative_software.htm

> „In short, what works is what is useful and should be used, regardless of any philosophical assumption, or any other type of assumption." (Johnson & Christensen, 2014: 491)

Dieses Statement des „whatever works" harmoniert hervorragend mit der Philosophie des amerikanischen Pragmatismus (Charles Peirce, John Dewey und William James), welche den Forschenden den Rat gibt, dass sie Methoden und Ansätze so mixen sollen, dass sie in Bezug auf die Forschungsfrage zu einem optimalen Ergebnis kommen.[4] Für die in der angewandten Forschung tätigen Kolleginnen und Kollegen stellt die Hinwendung zu Mixed-Methods auch einen Akt der Befreiung dar, nämlich dass man sich nicht mehr methodisch konformistisch innerhalb eines bestimmten Methodenbereichs aufhalten muss, sondern sich quasi befreit von epistemologischen und methodologischen Rechtfertigungszwängen der Logik der Forschungsfrage und des Forschungsprojektes zuwenden kann und nun diejenigen Methoden verwenden darf, die man für angemessen hält, ohne dass man sich gleich mit anthropologischen und philosophischen Grundananahmen zu beschäftigen habe.

Soweit sich die Mixed-Methods-Community allerdings als eine Gesellschaft des dritten Wegs versteht und vom „third research paradigm" oder vom „third methodological movement" spricht, verknüpft sie selbst die undogmatische Art des Interesses an beidem, an numerischen Daten und qualitativen Daten, mit einer spezifischen Philosophie („world view"), nämlich der des Pragmatismus. Mitunter findet man in diesem Kontext auch den Begriff des „pragmatism paradigm". In Bezug auf den Terminus „Paradigma" und erst recht in Bezug auf den sogenannten Krieg der Paradigmen („war of paradigms") ist noch anzumerken, dass man diese Bezeichnung nicht allzu hoch hängen sollte. Schon David Morgan (2007, 2014) macht darauf aufmerksam, dass die meisten Diskutanten doch eher friedliche Gesellen und keineswegs Krieger seien.

---

4 Eine kurze, gleichwohl sehr instruktive Zusammenfassung der Grundpositionen der Philosophie des Pragmatismus geben Johnson & Christensen, 2014: 488-490.

Mixed-Methods ein drittes Paradigma?

Methoden sind Hilfsmittel bei der Forschung, Werkzeuge, die es ermöglichen, eine Forschungsfrage, d.h., ein sich in der realen Welt „da draußen" stellendes Problem, zu beantworten. Methoden sind aber keine Methodologie, sodass es schon vom Begriff her problematisch erscheint, Mixed-Methods als Paradigma zu bezeichnen. Das paradigmatische am quantitativen Paradigma (so man überhaupt von Paradigma sprechen kann) ist die dahinter stehende Methodologie von Empirismus und Kritischem Rationalismus. Ähnliches gilt für die qualitativen Methoden: Als solche sind sie nur Methoden wie etwa das narrative Interview oder Fokusgruppen. Erst innerhalb einer Methodologie wie bspw. im Rahmen des Symbolischen Interaktionismus werden sie oder können sie zum Paradigma werden. David Morgan hat in seiner Betrachtung der Entwicklung der Methodologie sozialwissenschaftlicher Forschung in den letzten 25 Jahren den Begriff „Paradigma" folgendermaßen definiert:

> „Within the science studies, the consensual set of beliefs and practices that guide a field is typically referred to as a 'paradigm'." (Morgan, 2007: 49)

Wer immer den Begriff „Paradigma" in der sozialwissenschaftlichen Methodendiskussion benutzt, bezieht sich meistens auf Thomas Kuhns 1962 geschriebenes Buch „The Structure of Scientific Revolutions". Der Begriff selbst wird meist nicht thematisiert oder gar in Frage gestellt. Morgan weist darauf hin, dass Kuhn den Paradigmenbegriff in mehr als 20 verschiedenen Art und Weisen verwendet und dieses Problem auch in einem späteren Postskript zu seinem Buch aufgegriffen hat. Nachträglich wünschte sich Kuhn selbst statt des Begriffs Paradigma einen Begriff wie „disciplinary matrix" verwendet zu haben. Nun, hierzu ist es zu spät, der Begriff war in der Welt und wurde und wird nun auch in der Breite aufgegriffen und benutzt, wie sie in Kuhns Buch zu finden ist. Die Folge ist, so Morgan, dass heute Autorinnen und Autoren über Paradigmen sprechen und mit dem gleichen Begriff total verschiedene Dinge meinen (2007: 50). Morgan unterscheidet vier verschiedene Versionen des Konzepts von Paradigma in der sozialwissenschaftlichen Debatte (ebenda):

- **Paradigmen als World Views.** Dies ist zwar nicht die häufigste Redeweise, aber eine, die durchaus anzutreffen ist. Es ist die am weitesten reichende Version, die beinhaltet, dass ein Paradigma einer allumfassenden Orientierung des Denkens über die Welt gleichkommt. Man muss sich natürlich darüber verständigen, was überhaupt eine Weltsicht, eine Weltanschauung („world view") ist. Geht es um anthropologische Grundfragen oder nur um Grundpositionen hinsichtlich empirischer Sozialforschung oder gar nur hinsichtlich der Methoden der empirischen Sozialforschung? Diese Version wird, so Morgan, eigentlich gar nicht von Kuhn diskutiert, aber man trifft sie dennoch an. Eigentlich ist man mit dieser Version so weit weg von konkreten Methoden und Mixed-Methods im konkreten Forschungsprozess, dass hier auch gar nicht über Vereinbarkeit oder Nicht-Vereinbarkeit diskutiert werden kann.
- **Paradigmen als erkenntnistheoretische Grundhaltung.** Dies ist die weitaus häufigste Art und Weise über Paradigmen zu sprechen, also etwa um Realismus versus Konstruktivismus als Paradigmen. Hier geht es also um die Philosophie des Erkennens, im Deutschen häufig als Erkenntnistheorie bezeichnet. Diese Version basiert auf der Annahme, dass Forschung inhärente implizite Annahmen über die Möglichkeiten des Erkennens und den Stellenwert von Wissen in sich trägt. Es zeigt sich aber auch hier, dass ein Bekenntnis etwa zum Realismus noch nichts direkt über die Methoden der Datenerhebung und –analyse sowie ihre Ausgestaltung und Anwendung besagt. Die Diskussion um die Inkompatibilität von Paradigmen orientiert sich überwiegend an diesem Verständnis von Paradigma.
- **Paradigmen als gemeinsame Überzeugungen** („shared beliefs") in einem Forschungsfeld. Dies ist die eigentliche Verwendungsweise des Paradigmenbegriffs in der Wissenschaftsforschung, wie sie nach Morgan auch primär von Kuhn gemeint ist. Es geht um geteilte Überzeugungen und Praktiken, welche Forschungsfragen besonders relevant sind, wie man diese angeht und wie man nach Lösungen sucht. Diese Verwendungsweise ist also weitaus spezifischer, an der Forschungspraxis orientiert und weit entfernt von Lebensphilosophie und anthropologi-

schen Grundfragen. Vielfach wird dieser Paradigmenbegriff auf ganze Disziplinen wie etwa die Pflegewissenschaft übertragen. Auch Kuhn hatte diese breite Ausdeutung dieser Version des Paradigmenbegriffs im Blick, aber eigentlich noch viel stärker den Bezug auf eine kleinere Scientific Community von vielleicht 100 Personen.[5]

- **Paradigmen als modellhafte Beispiele.** Ein paradigmatisches Beispiel für ein multimethodisches Forschungsprojekt wäre etwa die Marienthal-Studie.

Diese von Morgan herausgearbeiteten vier Verwendungsweisen des Kuhnschen Paradigmenbegriffs weisen einen steigenden Grad von Allgemeinheit und „Breitenwirkung" auf. Sie sind ineinander verschachtelt. Wer die Marienthal-Studie als paradigmatisches Beispiel präsentiert, der besitzt auch Überzeugungen über die richtigen Fragen und die richtigen Methoden. Keine der Versionen kann man als richtig oder falsch bezeichnen. Morgan entscheidet sich für die Version der gemeinsamen Überzeugungen („shared beliefs") und offeriert auf dieser Basis folgenden Vergleich von qualitativem, quantitativem und Mixed-Methods-Ansatz (Morgan, 2007: 71)

	Qualitativer Ansatz	Quantitativer Ansatz	Mixed-Methods-Ansatz
Verbindung zwischen Daten und Theorie	Induktion	Deduktion	Abduktion
Beziehung zum Forschungsprozess	Subjektivität	Objektivität	Intersubjektivität
Inferenzschlüsse	Kontextspezifisch	Generalisierung	Übertragbarkeit

Hierzu ist anzumerken, dass es sich nur um eine idealtypische und simplifizierende Darstellung handelt, die man vermutlich nur Studierenden in Einführungskursen „verkaufen" kann. Jede erfahrene Forscher_in weiß, dass es

5 Hier scheinen mir interessante Anknüpfungspunkte an die Leitbildforschung gegeben, die teilweise eine prominente Rolle in der sozialwissenschaftlichen Technik- und Umweltforschung erlangte (Giesel, 2007).

niemals eine rein induktive oder rein deduktive Verbindung von Daten und Theorie geben kann. In einem pragmatischen Ansatz besteht gar kein Problem, die Sichtweise, dass es eine (und nicht viele) Welten gibt, damit zu vereinbaren, dass alle Individuen ihre eigene, einzigartige Interpretation dieser Welt besitzen. Intersubjektivität ist deshalb ein Kernelement allen sozialen Lebens.

Der amerikanische Pragmatismus als „World View" von Mixed-Methods-Forschung

Die Anfänge der Mixed-Methods-Bewegung (siehe Creswells Darstellung oben in der Einleitung zu diesem Buch) waren durch einen Hang zum Grundsätzlichen, zur methodologischen Diskussion gekennzeichnet. Typische Fragen waren etwa „Was rechtfertigt den Einsatz von Mixed-Methods?" und „Sind die Methoden qualitativ und quantitativ überhaupt kompatibel oder muss man sich nicht entscheiden, welcher wissenschaftstheoretischen Grundposition man zuneigt und dann das damit assoziierte Paradigma in der Forschungspraxis einsetzen?".

Recht charakteristisch für diese Auseinandersetzung mit dem Grundsätzlichen ist das zweite Kapitel in Creswells & Plano Clarks Mixed-Methods-Lehrbuch (2011). Dort werden zunächst die als „World Views" bezeichneten philosophischen Grundpositionen dargelegt, aus denen heraus sozialwissenschaftliche Forschung betrieben wird, wobei Creswell und Plano Clark zwischen vier Positionen unterscheiden, nämlich postpositivistische, konstruktivistische, partizipatorische und pragmatistische Weltsicht (ebenda: 40 ff.). Diese vier Weltsichten werden ausführlich in Bezug auf die Dimensionen Ontologie, Epistemologie, Methodologie und Sprache untersucht und miteinander verglichen. Obgleich Creswell eine relative Nähe des Pragmatismus zur Mixed-Methods-Forschung konstatiert, strebt er keine wisssenschaftstheoretische Fundierung des Mixed-Methods-Ansatzes an, sondern registriert und respektiert, dass Forscher verschiedene philosophische Grundpositionen quasi von außen an ihre Mixed-Methods-Forschung herantragen, denen insofern auch eine gleichrangige Bedeutung zukommt.

Es müsse aber verlangt werden, dass solche Grundhaltungen explizit gemacht und diskutiert werden.

Methodologische Auseinandersetzungen werden natürlich unweigerlich heraufbeschworen, wenn man wie einige Protagonisten des Mixed-Methods-Ansatzes vom *dritten Paradigma* spricht, also explizit die Aufhebung des Methodenstreits in einer neuen Methodologie proklamiert. Damit steht natürlich zur Debatte, auf welchen wissenschaftstheoretischen Grundpositionen dieses dritte Paradigma basiert und wiederum landet man bei den meisten der Protagonisten beim *Pragmatismus* (siehe Feilzer, 2010). Nun, was ist damit gemeint, auf welche Grundpositionen der Philosophie des Pragmatismus beruft man sich? Der Pragmatismus ist eine in Amerika von Charles Peirce, einem Philosophen und Mathematiker, begründete Denkrichtung. Peirce hat sich – neben vielem anderen – mit der Logik des Erkennens und den Typen logischer Schlussfolgerungen befasst. Der Signifikanztest, sozusagen ein Kernbestandteil quantitativ-statistischen Denkens, geht auf ihn interessanterweise ebenso zurück wie die Unterscheidung der Abduktion als drittem Typ des logischen Schlussfolgerns neben dem induktiven und dem deduktiven Schluss. Deduktive Schlüsse schließen bekanntlich aus einem allgemeinen Gesetz auf den konkreten Fall:

> Alle Kinder gehen zur Schule. Peter ist ein Kind → Peter geht zur Schule

und induktive Schlüsse verallgemeinern beobachtete Phänomene zu einer Regel (im Idealfall einem Gesetz):

> Peter ist ein Kind. Peter geht zur Schule → Alle Kinder gehen zur Schule → Alle Kinder aller Länder gehen zur Schule

Ein abduktiver Schluss ist hingegen eine Schlussfolgerung, die auf dem Hintergrund von Alltagswissen gezogen wird. Ich gehe ins Haus, schalte das Flurlicht an, aber es bleibt dunkel. Aus dem vorhandenen Wissen, dass eine Glühbirne kein Licht mehr spendet, wenn sie defekt ist, schließe ich: Die Glühbirne des Flurlichts ist defekt. Auch könnte die Sicherung herausgesprungen sein oder im ganzen Haus der Strom ausgefallen sein. Es wird also eine erklärende Hypothese gebildet. Ausgangspunkt ist nicht etwas Bekanntes, ein Gesetz, wie beim deduktiven Schließen, sondern etwas Überraschendes. Abduktives Schließen besitzt somit immer den Aspekt des Kreativen und Originellen: Hier werden nicht einfach Regeln angewandt oder Verallgemeinerungen getätigt, sondern gewagte Vermutungen angestellt und damit – im besten Falle – neues (Handlungs-)Wissen erzeugt.

> „Die abduktive Vermutung kommt uns blitzartig, Sie ist ein Akt der Einsicht, obwohl von außerordentlich trügerischer Einsicht. Es ist wahr, dass die verschiedenen Elemente der Hypothese zuvor in unserem Geist waren; aber die Idee, das zusammenzubringen, von dem wir nie zuvor geträumt hätten, es zusammenzubringen, lässt blitzartig die neue Vermutung in unserer Kontemplation aufleuchten."[6]

Dieses Statement von Peirce könnte auch aus dem Drehbuch der TV-Serie Dr. House stammen, bei der es um einen Klinikarzt geht, dessen Genie eben darin besteht, Ursachen von zunächst völlig rätselhaften Krankheiten durch gewagte hypothetische Schlüsse zu finden, welche sich allerdings sehr häufig auch zunächst als falsche Schlüsse erweisen. Es ist die Logik der Entdeckung und nicht die Logik der Begründung, die im Mittelpunkt der Weltsicht des Pragmatismus steht. Peirce und ihm nachfolgend John Dewey und George Herbert Mead arbeiteten dabei mit einer Vorstellung von Realität, die sowohl von empiristischer als auch konstruktivistischer Denkweise weit entfernt war. Man teilte nicht die Ansicht, dass alle Erkenntnis der Sinneswahrnehmung entstamme, sondern betonte, dass alles Erkannte schon im Bewusstsein in symbolischer Form repräsentiert sei und auch fehlinterpretiert werden könne. Umgekehrt wandten sich die Vertreter des Pragmatismus gegen den Primat epistemologischen Denkens. Also nicht „Ich denke, also bin ich", sondern „Ich handle in der Lebenswelt, nehme diese wahr und entwickle im Umgang mit dieser Lebenswelt Begriffe, Theorien und Interpretationen".

Damit einher geht auch ein spezifischer Wahrheitsbegriff, der Wahrheit nicht als etwas Absolutes begreift, sondern als eine operationalisierte, quasi hinab ins Alltagsleben geholte Form. Eine Theorie, die im Vergleich mit anderen Theorien besser nachvollziehbar ist und bessere Prognosen erlaubt,

6 Peirce, C. S. (1931). *Collected Papers.* Band 1-6, 5.181.Cambridge: Harvard University Press. Hier zitiert nach Wikipedia-Beitrag „Abduktion". Zugriff 20.6.2014.

ist in diesem Sinne näher an der Wahrheit. Wahr ist also das, was sich in der Praxis bewährt bzw. besser bewährt als konkurrierende Erklärungen.

Der Pragmatismus als Wissenschaftsphilosophie (vgl. zum gesamten Abschnitt Reichertz, 2013) hat als Grundlegung der empirischen Forschung noch eine Menge zu bieten. In Deutschland ist er über Jahrzehnte mit wenigen Ausnahmen (etwa in den Arbeiten von Hans Joas) sehr selten rezipiert worden – zu sehr wurde der wissenschaftsphilosophische Diskurs hierzulande von der Auseinandersetzung zwischen Positivismus und kritischer Theorie bzw. zwischen Systemtheorie und kritischer Theorie dominiert. Eine solide Fundierung der Mixed-Methods-Forschung im angelsächsischen Pragmatismus ist also durchaus möglich. Allerdings sollte doch festgehalten werden, dass die Zuordnung von Methoden zu World Views, so sehr sie auch immer wieder behauptet wird oder implizit aufscheint, nicht unbedingt zwingend und überzeugend ist. Genauso wenig überzeugend ist es ja auch, das quantitative Paradigma mit dem Kritischen Rationalismus gleichzusetzen und das qualitative Paradigma mit dem Symbolischen Interaktionismus. Denn was sollte Popperianer daran hindern, auch mit einer qualitativen Erhebung zu beginnen (was ja häufig genug mit der „qualitativen Vorstudie" auch geschieht) und was sollte symbolische Interaktionisten davon abhalten, ebenfalls zu zählen und möglichst weitgehende Verallgemeinerungen anzustreben. Eine solche „Korrespondenztheorie" von Methoden und Paradigmen sieht davon ab, dass es eine Reihe von Basics gibt, die quasi zur anthropologischen Grundausstattung gehören: etwa die Bildung von Begriffen; die Fähigkeit, Regelmäßigkeiten zu erkennen, wobei mehr oder weniger explizit mit Mengenbegriffen und Zahlen gearbeitet wird; und ferner die Fähigkeit, Äußerungen der Mitmenschen und der Umwelt zu interpretieren, mit mehreren Wahrscheinlichkeiten und verschiedenen Lesarten zu arbeiten – manche Interpretationen sind dann wahrscheinlicher als andere.

Festzuhalten bleibt allerdings, dass die Philosophie des Pragmatismus und die Ansätze der Mixed-Methods-Forschung sehr gut zueinander passen. Das schlägt besonders dann durch, wenn Mixed-Methods-Protagonisten ihren Ansatz als drittes Paradigma begreifen. Diese Deutung des eigenen Ansatzes als drittes Paradigma wird aber keineswegs von allen Mixed-Methods-Protagonisten geteilt. Es gibt auch eine Tendenz – gerade aus der impliziten Nähe zum Pragmatismus heraus – Fragen der Methodologie eher zu ignorieren und sich auf das Methodenpraktische bzw. die substanzielle Forschungsfrage zu konzentrieren. Die Forschungsfrage und mögliche Erfordernisse einer gesellschaftlichen Praxis werden für vorrangig erklärt und was dieser nützt, das gehört im Forschungsprozess auch eingesetzt, wobei es eben aus dieser Perspektive keine Rolle spielt, ob sich die tatsächlichen oder vermeintlichen World Views, die hinter den qualitativen und quantitativen Methoden stehen, vereinbaren lassen oder nicht. Die Frage der Vereinbarkeit bzw. Unvereinbarkeit wird eben nicht primär methodologisch angegangen, sondern aus dem Blickwinkel der Forschungspraxis. Nichts liegt ferner als Methodenpurismus.

Wichtig in diesem Kontext ist auch, dass die Mixed-Methods-Protagonisten – jedenfalls in ihrer Mehrzahl – ihren Ansatz nicht als Validierungsverfahren oder als Triangulation verstehen; dafür ist ihr Wahrheitsbegriff zu weit entfernt von jenem Wahrheitsbegriff, welcher der geodätischen Messtechnik der Triangulation inhärent ist. Sehr oft wird in Deutschland allerdings in einem Atemzug von *Mixed-Methods und Triangulation* gesprochen, insofern rechtfertigt sich ein kurzer klärender Ausflug in die Welt der Triangulation.

Zum Verhältnis von Mixed-Methods und Triangulation

In der Scientific Community existieren zahlreiche Begriffe, mit denen die Kombination von qualitativen und quantitativen Methoden bezeichnet wird. Neben Mixed-Methods findet man auch die Begriffe Triangulation, Methodenintegration, Methodenkombination und weitere. Nicht selten wird der Eindruck erweckt, diese Begriffe seien austauschbar und es handle sich quasi um Synonyme. Hinter den jeweiligen Begriffen steht aber eine je eigene Geschichte, sie besitzen sozusagen ihre Autopoesis und selbstverständlich gibt es auch Überlappungen.

Der Begriff Triangulation erfreut sich seit einiger Zeit in Deutschland – anders als in den USA – einer großen Beliebtheit. Der Triangulationsansatz geht auf Norman Denzin zurück, der schon in den 1970er-Jahren Triangulation als „the combination of methodologies in the study of the same phenomenon" (Denzin, 1978: 291) definierte. Triangulation ist also ein Konzept, das schon eine mehr als dreißigjährige Geschichte hinter sich hat. Es entstand ursprünglich sogar noch früher, nämlich in den späten 1950er-Jahren in den USA, und zwar als Validierungskonzept im Rahmen von quantitativer Forschung (Campbell & Fiske, 1959), d.h., es ist also ursprünglich eine Form von Design, und zwar in der quantitativ orientierten psychologischen Testtheorie. Die Metapher „Triangulation" nimmt auf einen in der Geodäsie (Vermessungskunde) benutzten Begriff Bezug: Das Verfahren der Triangulation erlaubt es, die Position eines Objekts in einem dreidimensionalen Raum präzise zu bestimmen, und zwar so, wie dies auf dem abgebildeten mittelalterlichen Bild[7] der Fall ist.

Abb. 1: Landvermessung mittels Triangulation

7 Bildquelle: File:CD006-Triangulation 16th century.png – frei verfügbar in Wikimedia Commons.

Triangulation ist also der Operation des naturwissenschaftlichen Messens verhaftet und deshalb als wissenschaftstheoretisches Konzept in den Sozialwissenschaften nicht unproblematisch (Kelle 2007: 54-57). Denzin (1978, zuerst 1970) hat das Konzept über diesen ursprünglichen Rahmen hinaus erweitert, aber den Charakter einer Validierungsstrategie zunächst beibehalten. Später ist er von diesem Anspruch eher abgerückt und empfahl Triangulation als Strategie, um zu einem vertieften Verständnis des Forschungsgegenstands zu gelangen. Inzwischen proklamiert Denzin (2012) eine Triangulation 2.0, die aber weniger ein methodisches Konzept als ein politisches Programm zur Transformation der Gesellschaft in Richtung „social justice“ darstellt. Im deutschsprachigen Raum wird das Konzept Triangulation zunehmend rezipiert und diskutiert (z.B. in den Arbeiten von Erzberger & Kelle 2003, Flick, 2007, 2011; Kelle, 2004, 2007). Dabei werden in Anlehnung an Denzin (1978) folgende Formen von Triangulation unterschieden:

Datentriangulation: Es werden unterschiedliche Datenquellen in das Projekt einbezogen, d.h., dasselbe Phänomen wird zu verschiedenen Zeiten und/oder an verschiedenen Orten an verschiedenen Populationen beobachtet (gemessen), wobei die Erhebungsmethode die gleiche bleibt.

Beobachter- oder Forschertriangulation: Hier wird das gleiche Phänomen von unterschiedlichen Forschern (Beobachtern) untersucht und interpretiert; die Ergebnisse werden trianguliert, man erhofft sich so, den Einfluss von Forschern auf den Forschungsgegenstand ermitteln zu können.

Theorietriangulation: Es werden unterschiedliche theoretische Positionen bei der Interpretation von Forschungsergebnissen eingenommen bzw. Forschung wird auf dem Hintergrund verschiedener Theorien betrieben. Auf diese Weise soll zum einen das starre Festhalten an theoretischen Vorannahmen aufgelockert werden, zum anderen erscheint Denzin hierdurch die Formulierung einer integrativen Theorie möglich.

Methodentriangulation: Das gleiche Phänomen wird mit unterschiedlichen Methoden erfasst. Dabei kann man sowohl Methoden des gleichen Methodenbereichs als auch Methoden beider Methodenbereiche miteinander kombinieren. Methodentriangulation ist die am häufigsten praktizierte Form von Triangulation.

Eine weitere wichtige Unterscheidung, die auf Denzin zurückgeht, ist diejenige zwischen methodeninterner („within method triangulation") und methodenexterner Triangulation („between method triangulation"): Von methodeninterner Triangulation ist im Falle von quantitativen Methoden dann die Rede, wenn bspw. zwei oder mehr Skalen zur Erfassung derselben Eigenschaften eingesetzt werden. In der qualitativen Forschung wäre die Verbindung von offenen Interviews und Fokusgruppen oder von offenen Interviews und Feldbeobachtungen ein Beispiel für methodeninterne Kombination. Die Kombination von qualitativen mit quantitativen Methoden gilt Denzin als methodenexterne Kombination, also etwa die Verknüpfung von Survey-Daten mit Feldbeobachtungen oder problemzentrierten Interviews. Häufig wird diese spezifische Art der Verknüpfung (qualitativ und quantitativ) mit Triangulation gleichgesetzt und die eigentlich wesentlich weiter gefasste Definition von Triangulation im Sinne Denzins ausgeblendet. Die verschiedenen Triangulationstypen können ggf. auch miteinander kombiniert werden. In jedem Fall bedeutet Triangulation, dass mehr als eine Perspektive zur Untersuchung einer Forschungsfrage eingesetzt wird, um so das Vertrauen in die Validität der Resultate zu erhöhen.

Erzberger (1998) und Erzberger & Kelle (2003) haben drei prinzipiell mögliche Ereignisse erörtert, die bei der Methodentriangulation, also der Kombination von qualitativen und quantitativen Daten, eintreten können: (a) Die Ergebnisse können in Gänze oder teilweise übereinstimmen; (b) es können Resultate zustande kommen, die komplementär sind, also sich gegenseitig ergänzen; (c) die Ergebnisse können unterschiedlich sein – ggf. zwar auch Schnittmengen aufweisen – aber im Kern sind sie widersprüchlich.

Flick räumt ein, dass viele methodische Fragen bei der Kombination qualitativer und quantitativer Verfahren noch offen sind, insbesondere wie bei widersprüchlichen Resultaten vorzugehen sei. Letzten Endes verlagert sich hier die forschungspraktische Fragestellung der Methodenkombination in den Bereich der Methodologie, d.h., es wird thematisiert, wie sozialwissenschaftliche Theoriebildung möglich ist (Flick, 2008: 84).

Zum Verhältnis von Mixed-Methods-Ansatz und Triangulation
In welcher Relation stehen nun der Triangulationsansatz und Mixed-Methods? Auf den ersten Blick scheinen beide Ansätze viele Gemeinsamkeiten zu besitzen, doch besitzen sie jeweils einen eigenständigen Diskursstrang in der Scientific Community. Mit dem Triangulationsansatz teilt der Mixed-Methods-Ansatz die forschungspraktische Ausrichtung, doch ist der Triangulationsansatz quasi paradigmenunabhängig, während zumindest Teile der Mixed-Methods-Community sich explizit als Gefolgsleute eines eigenen, neuen Paradigmas verstehen und eine produktive Überwindung der beiden Paradigmen qualitativ und quantitativ anstreben. Im Mixed-Methods-Ansatz geht es im Kern um verschiedene Designtypen, die unter dem Primat der Forschungsfrage je unterschiedliche Kombinationen von qualitativen und quantitativen Methoden vorsehen.

Trotz der scheinbaren Ähnlichkeit handelt es sich bei Triangulation und Mixed-Methods um sehr unterschiedliche Ansätze von Methodenkombination. Der ursprünglich von Denzin (1978, zuerst 1970) formulierte Triangulationsansatz fokussiert primär Validierung – in neuerer Formulierung zurückhaltender als Perspektivenbereicherung beschrieben. Bei diesem Ansatz geht es weder primär um die Entwicklung von ausgefeilten und differenzierten Designs für die Forschungspraxis noch liegt dem Triangulationsansatz in irgendeiner Weise die Bestimmung wissenschaftstheoretischer Positionen am Herzen. Kritik hieran findet sich folglich vor allem aus konstruktivistisch inspirierten Perspektiven, die den naiven Realismus der Triangulationsstrategie kritisieren, weil diese so tue, als gäbe es objektive Positionen, die unabhängig von Methoden und Beobachtenden sozialen Phänomenen zugemessen werden könnten. Trotz solcher epistemologischen Kritik, bewerten auch die konstruktivistischen Kritiker die Bereicherung der Forschung durch Hinzuziehen einer weiteren Perspektive durchaus positiv.

Eine weitere Kritik am Triangulationsansatz betrifft die implizite Annahme, dass verschiedene Methoden für die Forschungsfrage die gleiche Erklärungskraft besitzen. Tatsächlich kann aber die Situation etwa in einer Gruppendiskussion – je nach Thema – völlig andere Resultate hervorbringen als in einem Face-to-face-Tiefeninterview, man denke etwa an Fragen zum Intimbereich, zu Kriminalität und ähnlich heiklen Themen.

Der Reiz der amerikanischen Mixed-Methods-Ansätze, wie sie von Creswell, Greene, Johnson, Plano Clark, Tashakkori, Teddlie, Onwuegbuzie und vielen anderen formuliert und praktiziert werden, liegt in ihrem Angebot an ausgefeilten Designs, welche relativ umstandslos für konkrete Forschungsfragen übernommen werden können. Unter pragmatischen Gesichtspunkten, aus der Sicht von Forschungspraktiker_innen, haben Mixed-Methods-Ansätze sehr viel zu bieten, denn man findet dort auch für Forschungsfragen hoch komplexen Typs sehr detailliert ausgearbeitete Designvorschläge. Insbesondere die Arbeiten Creswells sind für die praktische Forschung sehr inspirierend. Die bei Tashakkori und anderen Autoren emphatisch vorgetragene Position eines „third methodological paradigm" mit dem Anspruch, Forschung des 21. Jahrhundert solle doch nur mehr mittels Mixed-Methods vorgehen und die universitäre Methodenausbildung solle sich stärker auf Mixed-Methods konzentrieren, mag etwas überzogen sein, aber die Position verdeutlicht doch, dass hier die Möglichkeit zu einer philosophischen Fundierung (orientiert am Pragmatismus) besteht, die als solche beim Triangulationsansatz keinen Platz hat.

Triangulation bedeutet auch nicht notwendigerweise Mixed-Methods, sondern kann – wie oben dargestellt – auch Theorietriangulation und Forschertriangulation bedeuten. Die im Hintergrund von Triangulationsverfahren stehende Metapher aus der Geodäsie referenziert im Übrigen ja nur auf quantitatives Messen wie es in der Landvermessung gebräuchlich ist und hat an sich mit dem Grundgedanken von Mixed-Methods, der Kombination von qualitativen und quantitativen Methoden, wenig zu tun. Hier geht es – jedenfalls so die Metapher – um Längenbestimmung mittels trigonometrischer Formeln, während es bei Mixed-Methods um die Angemessenheit von Methoden und die für komplexe Gegenstände angemessene Kombination von qualitativen und quantitativen Methoden geht.

Insofern wehrt sich die Mixed-Methods-Community wohl auch zu Recht gegen die Vorstellung, dass Mixed-Methods quasi eine Teilmenge von Triangulation sei. Im Gegenteil: Mixed-Methods erscheint als das weitergehende Konzept, denn hier geht es nicht um Messung und nicht primär um Validierung, sondern um eine den Forschungsproblemen korrespondierende Methodenwahl, also etwas sehr Konkretes und Projektbezogenes, während

Triangulation eine sehr allgemeine Konzeption von Validierung oder moderner gesprochen: der Bereicherung von Perspektiven ist, relativ weit ab von konkreten Umsetzungs- und Designformen.

Motive für den Einsatz von Mixed-Methods

Ein Blick auf die Entwicklung der Praxis der empirischen Sozialforschung in den letzten Jahrzehnten zeigt, dass sich in Bezug auf die Methodenwahl zunehmend pragmatische Positionen durchgesetzt haben. Insbesondere für die angewandte Forschung gilt, dass nicht die Methodenwahl der Dreh- und Angelpunkt ist, sondern die Forschungsfragen sowie die sozialen und gesellschaftlichen Probleme, die hinter diesen Fragen stehen. Methoden haben entgegen früheren Zuschreibungen stärker den Charakter von Werkzeugen eingenommen. Noch vor einigen Jahren fand man etwa in Methodenlehrbüchern die Charakterisierung qualitativ = emanzipativ und quantitativ = sozialtechnologisch. Solche Gegensätze würde man heute gewiss nicht mehr als Charakteristika in den Raum stellen, dafür ist das Verschwinden solcher plakativen Gegenüberstellungen aus den Lehrbüchern der beste Indikator. Ob man die eigene Forschung als emanzipativ und transformativ versteht oder nicht, determiniert nach heutigem Verständnis nicht mehr die Methodenwahl. Ein gutes Beispiel ist hierfür Donna Mertens, eine ausgewiesene Vertreterin einer an Transformation orientierten Forschung. Sie zählt gleichzeitig zu den profiliertesten Protagonisten von Mixed-Methods und begnügt sich eben gerade nicht mit der emphatischen Anwendung qualitativer Methoden.

Sehr oft findet man in der Methodenliteratur Formulierungen, die besagen, dass die Wahl der Methoden der Forschungsfrage möglichst angemessen sein soll. Dieses Postulat der Angemessenheit ist nun allerdings keineswegs neu, sondern zählt quasi zu den Grundregeln der Methodenwahl (siehe Stefer, 2014). Berücksichtigt man, dass sich in den letzten Jahrzehnten vielfach die gemäßigt konstruktivistische Sichtweise durchgesetzt hat, derzufolge Beobachtungen nicht unabhängig von den Beobachtenden gedacht werden können, so ist natürlich dem naiven Empirismus wie er aus dem Angemessenheitspostulat herausgelesen werden kann, durchaus kritisch zu begegnen. Eher wäre zu diagnostizieren, dass heute Forschungsprobleme und Forschungsfragen anders konstruiert werden als noch vor einigen Jahren bzw. Jahrzehnten: Dass man nämlich die Forschungsgegenstände heute so konstruiert, dass man ihnen qualitative und quantitative Aspekte zuspricht, die Gegenstände generell komplexer konstruiert. Warum dies geschieht, warum sich die Konstruktion von Fragestellungen verändert hat, das müssten Wissenschaftsforscher_innen und –historiker_innen beantworten. Leider steht es noch aus, eine Geschichte der Forschungsmethoden, ihrer Verwendung, ihrer Weiterentwicklung und ihrer Konjunkturen zu schreiben. Jo Reichertz hat für die qualitative Sozialforschung beim Berliner Methodentreffen 2009 mit seinem Vortrag „Die Konjunktur der qualitativen Sozialforschung und Konjunkturen innerhalb der qualitativen Sozialforschung" einen ersten Versuch unternommen (Reichertz, 2014).

Vielleicht handelt es sich bei der Entwicklung hin zu komplexeren Forschungsfragen auch um einen Reflex der generellen gesellschaftlichen Entwicklung, der man zunehmend globale Interdependenzen und Komplexität zuspricht. Insofern wäre es dann schwerlich zu rechtfertigen, wenn sozialwissenschaftliche Forschungsmethodik sehr simpel bliebe und nicht über das monomethodische Querschnittsdesign hinaus käme. Im Zuge der Entwicklung hin zur komplexen Konstruktion von Forschungsgegenständen werden jetzt auch solche Methoden wiederentdeckt, die quasi pionierhaft schon vor geraumer Zeit für sehr komplexe multimethodische Designs eingetreten sind, wie bspw. die Multitrait-Multimethod-Matrix, die Campbell und Fiske schon Ende der 1950er-Jahre konzipiert haben.

Pragmatismus, Entideologisierung, Abflauen des Methodenstreits, das sind allesamt Stichworte, die mit der zunehmenden Attraktivität von Mixed-Methods einhergehen. Im Sinne der Huhn-oder-Ei-Frage lässt sich allerdings relativ sicher feststellen, dass es nicht epistemologische Gründe oder solche der wissenschaftstheoretischen Grundpositionen und Wissenschaftsphilosophie waren, auf deren Basis sich Mixed-Methods-Ansätze so rasant entwickelt haben. Eher ist das Gegenteil der Fall: Seit einiger Zeit befassen sich viele Mixed-Methods-Protagonisten mit philosophisch und epistemologischen Grundfragen und liefern nun die theoretische Begründung nach, wieso es denn gut und richtig sei, sich für Mixed-Methods zu entscheiden.

Man wird es aber klar aussprechen müssen: Es ist nicht notwendig, John Dewey und Peirce zu lesen, bevor man sich für ein Mixed-Methods-Design in einem Forschungsprojekt entscheidet.

Zurück zur Frage der Konstruktivität bei der Formulierung von Forschungsfragen und angemessener Methodik: Wir konzipieren also unsere Forschungsfragen und Forschungsgegenstände zunehmend komplex und halten eine multiperspektivische Beobachtung für angemessen. Diese geht konform mit den Gegenstandsdefinitionen der Nachfrageseite von Forschung. Wenn heute Schwerpunktprogramme großer Stiftungen oder Ministerien konzipiert werden, dann werden meist genau solche Charakteristika in die Ausschreibung hinein geschrieben: Die Schlüsselbegriffe heißen multidisziplinär, multiperspektivisch, qualitativ *und* quantitativ, egal ob es nun um die Themen Versorgungsforschung, Demenzforschung oder Forschung über die Energiewende geht.

Der Trend zu Mixed-Methods ist vor allem im Bereich angewandter Forschung zu beobachten und lässt sich besonders stark im Bereich von Evaluation bzw. Evaluationsforschung erkennen. Nur Zahlen zu berichten, das greift im Feld der Evaluation meistens ebenso zu kurz wie die Beschränkung auf Worte und verbale Äußerungen in einer qualitativen Evaluationsstudie. Man möchte beides haben und die Ergebnisse aufeinander beziehen oder besser noch in einem komplexen Design Teilstudien so anlegen und parallel oder hintereinander staffeln, dass sich aus mehreren Perspektiven verschiedene Blicke auf den Evaluationsgegenstand ergeben. An dieser Stelle soll aber nicht naiv empiristisch behauptet werden, dass Mixed-Methods den Forschungsfragen besonders angemessen sei. Stattdessen bevorzuge ich eine Begründung der Methodenwahl aus der Konzipierung und Konstruktion des Forschungsgegenstands heraus.

Die Gesellschaft kann nur kommunizieren, heißt es bei Niklas Luhmann in seinem Buch „Ökologische Kommunikation" (Luhmann, 2004) und sie tut dies historisch auf eine je eigene Weise. In Deutschland kommuniziert die Gesellschaft im Jahr 2014 anders über Themen wie Demenz, Energiewende oder die Betreuung von Kindern unter drei Jahren, als sie dies vor 20 Jahren getan hat. Probleme dieser Art werden im gesellschaftlichen Diskurs aus sehr verschiedenen Perspektiven behandelt. Als Beispiel nehme man den

Forschungsgegenstand Demenz: Dieser beinhaltet sowohl Aspekte von zahlenmäßiger und ökonomischer Bedeutung als auch aus Interesse an der Perspektive der Bewältigung durch die direkt Betroffenen, durch ihre Partner, Familien, durch die Gemeinde und das soziale System insgesamt. Diese heute dominierende Art der Konzipierung von Forschungsgegenständen und -fragen hat auch die Seite der Forschungsnehmer_innen erreicht. Noch vor einigen Jahren war es so, dass die Mixed-Methods-Community sich vornehmlich aus Wissenschaftler_innen zusammensetzte, die eher aus dem Bereich qualitativer Forschung stammten. Dies hat sich mittlerweile geändert, es sind mindestens genau so viele Forschende, die sich eigentlich quantitativen Ansätzen zugehörig fühlen, die nun Mixed-Methods-Ansätze attraktiv und ihrer Forschungsfrage angemessen finden.

Die Grundeinstellung des „whatever works", die der Philosophie des amerikanischen Pragmatismus zueigen ist, rechtfertigt sich aus diesem Anwendungsbezug und der unmittelbaren Praxisrelevanz der Forschung heraus und nicht, wie man das in der deutschen Methodendiskussion über lange Zeit gewöhnt war, aus einer wissenschaftstheoretischen Begründung. Philosophische Annahmen und paradigmatische Zuordnungen spielen keine zentrale Rolle mehr. Dies hat selbstverständlich auch Kritik heraufbeschworen, wie jene von Sharlene Nagy Hesse-Biber, die der gegenwärtigen Mixed-Methods-Forschung vorwirft, sie agiere nach dem „cart before the horse" Prinzip, d.h., ihre Designs würden von Forschungstechniken bestimmt und seien nicht epistemologisch und theoretisch fundiert (Nagy Hesse-Biber, 2010: 10). Sie plädiert für einen Mixed-Methods-Ansatz, der sich sehr grundsätzlich in der Argumentationskette Ontologie → Epistemologie → Methodologie → Forschungsfrage→ Forschungsdesign (ebd.: 12) begründet, also genau dem Prinzip folgt, welches weiter oben anhand des Aufbaus des Vortrags Soeffners beim Berliner Methodentreffen dargestellt wurde.

Der Einsatz von Mixed-Methods bedeutet auch das Abrücken von der Idee einer monomethodischen Studie. Die Behauptung ist: Man gewinnt durch Mixed-Methods, d. h., man kann ein komplexes Problem besser verstehen, wenn man beide Seiten beleuchtet, die quantitative des Zählens und die qualitative des Sinnverstehens. Das heißt im Detail in Bezug auf potenzielle Gewinne eines solchen Forschungsansatzes:

- Statistische Zusammenhänge werden verständlicher und plastischer durch verbale Daten, Bilder und Filme.
- Befunde qualitativer Forschung gewinnen, wenn auch zahlenmäßige Angaben gemacht werden können.
- Die Chance zur Generalisierung qualitativer Forschungsergebnisse wächst.
- Quantitative Forschungsergebnisse gewinnen durch den detaillierten Blick nach innen, auf das Kleine, den einzelnen Fall und die persönlichen Erfahrungen der Einzelnen.
- Die Kontextualisierung der quantitativen Forschungsergebnisse durch die Ergebnisse der qualitativen Forschung ermöglicht ein besseres Verständnis des untersuchten Problems.
- Das Wissen und die Erkenntnisse, die das Projekt bringt, sind umfangreicher, mehrperspektivischer und somit vollständiger.
- Das Spektrum und der Detailgrad der Fragen, die man durch die Forschung beantworten kann, sind breiter.

Natürlich kann die Mixed-Methods-Forschung auch mit nicht unwesentlichen Problemen verbunden sein: So benötigen die Forschenden zweifellos umfangreichere Kompetenzen und Fertigkeiten, denn sie müssen sowohl im Umgang mit qualitativen wie mit quantitativen Methoden und Auswertungstechniken vertraut sein oder doch zumindest über solide Basiskenntnisse verfügen. Auch kann man davon ausgehen, dass für Mixed-Methods-Forschung mehr Zeit und mehr Ressourcen gebraucht werden. Demgegenüber aber besteht die Chance, die oben beschriebenen Gewinne einzufahren und das Forschungsproblem umfassender und besser zu verstehen.

Fassen wir zusammen:
Ähnlich wie qualitative und quantitative Forschung häufig auf dem Hintergrund bestimmter wissenschaftstheoretischer Grundannahmen betrieben wird, ist dies auch bei der Mixed-Methods-Forschung der Fall. In den Begründungen von führenden Protagonisten von Mixed-Methods gibt es einen starken Hang zur philosophischen Denkrichtung des amerikanischen Pragmatismus in der Tradition von Peirce und Dewey, mit der Konsequenz, dass der Forschungsfrage und dem praktischen Interesse der Vorrang vor me-

thodischem Purismus und der Verankerung der methodischen Vorgehensweise in wissenschaftstheoretischen Basispositionen eingeräumt wird. Mixed-Methods-Ansätze sind aber in Bezug auf die wissenschaftstheoretischen Grundpositionen genauso wenig homogen wie qualitative oder quantitative Ansätze und keineswegs zwingend mit Positionen des Pragmatismus verbunden. Legitimiert werden Mixed-Methods-Forschungen meist durch das Versprechen, die Begrenzungen der beiden älteren, zu Paradigmen überhöhten methodischen Ansätze zu überwinden und bereichernde Perspektiven hinzuzufügen. Dabei verstehen die Protagonisten Mixed-Methods aber – anders als Teile der Triangulations-Verfechter – meistens nicht als Validierungsverfahren. Die Position, Mixed-Methods als drittes methodologisches Paradigma zu begreifen, wird keineswegs von allen Mixed-Methods-Forschenden geteilt. Ebenso häufig findet man eine Tendenz – gerade aus der Nähe zur angewandten Forschung heraus – Fragen der Methodologie eher zu ignorieren und sich auf das Methodenpraktische zu konzentrieren.

Empfehlungen aus diesem Kapitel

Mithilfe der folgenden Fragen können Sie das Wissen aus diesem Kapitel für Ihre eigene Forschung und/oder Ihre geplante empirische Untersuchung reflektieren. Überlegen Sie, warum der Einsatz von Mixed-Methods möglicherweise sinnvoll und gewinnbringend ist. Gehen Sie die Fragen durch und versuchen Sie, diese möglichst konkret zu beantworten:

- Welche Aspekte würden fehlen, wenn Sie nur qualitative oder nur quantitative Daten erheben würden?
- Welche zusätzlichen Erkenntnisse versprechen Sie sich durch die Integration der beiden Methodenstränge?
- Welche Forschungsfragen bzw. Aspekte ihrer Forschungsfrage sind es genau, die Sie mit einer monomethodischen Studie nicht beantworten könnten?

Weiterführende Literatur

Creswell, J. W. & Plano Clark, V. L. (2011). *Designing and conducting mixed methods research* (2nd ed.). Thousand Oaks, CA: Sage.

Creswell, J. W. (2014). *A concise introduction to mixed methods research*. Thousand Oaks, CA: Sage.

Flick, U. (2011). *Triangulation. Eine Einführung* (3. Aufl.). Wiesbaden: VS-Verlag.

Johnson R. B., Onwuegbuzie, A. J. & Turner, l. A. (2007). Toward a definition of mixed methods research. *Journal of Mixed Methods Research,* 1(2), 112-133.

Kelle, U. (2007). *Die Integration qualitativer und quantitativer Methoden in der empirischen Sozialforschung. Theoretische Grundlagen und methodologische Konzepte.* Wiesbaden: VS-Verlag.

Morgan, D. (2014). *Integrating qualitative and quantitative methods: A pragmatic approach*. Thousand Oaks, CA: Sage.

Morgan, D. (2007). Paradigms lost and pragmatism regained: Methodological implications of combining qualitative and quantitative methods. *Journal of Mixed Methods Research*, 1(1), 48-76.

Nagy Hesse-Biber, S. (2010). *Mixed methods research: mixing theory with practice.* New York: Guilford Press.

Plano Clark, V. L. & Creswell, J. W. (2008). *The mixed methods reader*. Thousand Oaks, CA: Sage. (Der Reader enthält zahlreiche Beiträge namhafter Autor_innen, beispielsweise von Bryman, Creswell, Morse, Greene, Mertens, Morgan, Onwuegbuzie, Plano Clark, Sandelowski Tashakkori und Teddlie).

Teddlie, C., & Tashakkori, A. (2009). *Foundations of mixed methods research.* Thousand Oaks, CA: Sage.

Kapitel 2
Designs für die Mixed-Methods-Forschung

Themen dieses Kapitels

- Aufgaben von Mixed-Methods-Forschung
- Forschungsdesigns und Untersuchungstypen
- Kriterien zur Klassifikation von Designs
- Systematisierung von Mixed-Methods-Designs in der Methodenliteratur
- Das parallele Mixed-Methods-Design
- Sequenzielle Mixed-Methods Designs
- Komplexe Designformen
- Empfehlungen aus diesem Kapitel

Das Thema Mixed-Methods-Designs steht seit mehr als zehn Jahren im Mittelpunkt von Publikationen und Diskussionen der Mixed-Methods-Community. Ein Mixed-Methods-Design ist eine spezielle Form von Forschungsdesign, und zwar eines, in dem sowohl qualitative als auch quantitative Erhebungs- und Analyseformen enthalten sind. Mixed-Methods-Designs sind zu unterscheiden von sogenannten Multimethod-Designs. Der Begriff „multimethod" geht auf die amerikanischen Psychologen Campbell und Fiske zurück, die – wie in Kapitel 1 dargestellt – Ende der 1950er-Jahre den Begriff „Multitrait-Multimethod-Matrix" in die psychologische Testtheorie einführten. Multimethod bedeutet in diesem Kontext lediglich die Nutzung mehrerer Methoden, die auch beide der gleichen Methodenfamilie angehören können: Es kann sich also bspw. um zwei standardisierte Tests handeln. Der Begriff Mixed-Methods meint hingegen immer die Kombination von qualitativen und quantitativen Methoden.

Die Diskussion um Mixed-Methods-Designs, also die dritte Phase der Mixed-Methods-Entwicklung, wie John Creswell sie in der Einleitung zu diesem Buch dargelegt hat, begann Ende der 1980er- bzw. Anfang der 1990er-Jahre mit diesbezüglichen Aufsätzen von Greene, Caracelli & Graham (2008, zuerst 1989) und Morse (2008, zuerst 1991).[8] Greene et al. unternehmen in ihrem viel zitierten Beitrag von 1989 erstmals den Versuch, aufgrund einer Sekundäranalyse von Evaluationsstudien ein Klassifikationssystem von verschiedenen Designtypen zu entwickeln, wobei sie fünf Designtypen unterscheiden, die gleichzeitig bestimmte Aufgaben von Mixed-Methods-Forschung zum Ausdruck bringen, nämlich Triangulation, Komplementarität, Entwicklung, Initiation und Expansion (Greene et al., 2008, zuerst 1989: 127).

Triangulation zielt auf Konvergenz, auf die Übereinstimmung der Resultate beider Forschungsstränge. Dies ist die klassische Perspektive der Validierung der Forschungsergebnisse durch Einbeziehung einer zweiten bzw. mehrerer Perspektiven, die schon den Überlegungen von Campbell & Fiske zugrunde lagen.

Komplementarität zielt auf Elaboration, Illustration und das bessere Verständnis der Ergebnisse der einen Methode durch die Resultate einer zweiten Studie mit anderer Methodik. Hier geht es also um die Vervollständigung der Forschungsergebnisse und um eine erweiterte Interpretation.

Entwicklung bedeutet, dass die Ergebnisse einer Methode benutzt werden, um die Methodik der folgenden Studie zu entwickeln bzw. zu verbessern. Das Ziel der Entwicklung kann sich sowohl auf die Samplingstrategie als auch direkt auf die Instrumentenentwicklung (z.B. eines Fragebogens) beziehen.

Initiation zielt auf die Entdeckung von Widersprüchen und paradoxen Resultaten, d.h., Forschungsresultate werden quasi neu betrachtet. Sie werden aus der Perspektive einer anderen Methode „neu gelesen", was möglicherweise zu neuen Schlussfolgerungen führt.

Expansion zielt auf die Ausweitung der inhaltlichen Breite und der Reichweite einer Studie, indem für Teile der Forschung andere Methoden verwendet werden, die sich hierfür besonders gut eignen.

---

8 Die Beiträge von Greene et al. und Morse sind wieder abgedruckt in: Plano Clark, V. & Creswell, J. (2008). *The Mixed Methods Reader*. Thousand Oaks, CA: Sage. Die Seitenangaben bei Zitaten beziehen sich auf diesen Wiederabdruck.

Auf den ersten Blick scheinen sich die Motive „Komplementarität" und „Expansion" stark zu ähneln; doch sollte man bedenken, dass die Motive hinsichtlich des Forschungsprozesses anders lokalisiert sind. Die ersten beiden Aufgaben „Triangulation" und „Komplementarität" fokussieren die *Ergebnisse*, d.h. das Produkt von Forschung, während die letzteren drei Aufgaben – „Entwicklung", „Initiation" und „Expansion" – der Logik des Forschungsprozesses folgen, also *prozessorientiert* sind.

Aus diesen Anfängen der Diskussion um die Aufgaben von Mixed-Methods-Forschung und damit einhergehende Forschungsdesigns zu Beginn der 1990er-Jahre stammt ebenfalls bereits eine bestimmte Notationsform, mit welcher sich die Anordnung von quantitativen und qualitativen Methoden in einem Design formalisiert darstellen lässt. Janice Morse schlug ein Notationssystem mit folgenden grundlegenden Bezeichnungen vor (Morse, 1991):

- QUAL und qual stehen für qualitative Forschung.
- QUANT und quant stehen für quantitative Forschung.
- Die Großschreibung von QUAL bzw. QUANT bedeutet jeweils, dass diese Methoden in der betreffenden Studie Priorität besitzen bzw. ihnen ein stärkeres Gewicht zukommt.
- Kleinschreibung von qual bzw. quant bedeutet jeweils, dass diese Methoden geringere Priorität besitzen bzw. ihnen ein geringeres Gewicht zukommt.
- + bedeutet Gleichzeitigkeit der qualitativen und quantitativen Datenerhebungen im Projekt.
- → bedeutet sequenzielle Reihenfolge der Datenerhebungen im Projekt.

Benutzt man diese Grundelemente, so lässt sich beispielsweise mit der Notation „qual → QUANT" ein zweiphasiges Design bezeichnen, bei dem zunächst die qualitative Datenerhebung durchgeführt wird. Anschließend folgt in Phase 2 die quantitative Studie, welcher im betreffenden Projekt ein größeres Gewicht beigemessen wird.

Seit Ende der 1990er-Jahre wurden von vielen Autor_innen – u.a. von Creswell & Plano Clark (2011), Greene (2007), Johnson & Onwuegbuzie (2004) und Teddlie & Tashakkori (2009) – immer mehr Designtypen und

Dimensionen von Designs in differenzierter Weise unterschieden. Einen sehr guten Überblick über all diese Designklassifikationen geben Creswell und Plano Clark (2011: 55-59). Dort findet man mehr als 50 Designformen, darunter so exotisch klingende wie das „Qualitatively driven complex mixed method design“, das „Mixing for reasons of substance or values“, das „Data transformation design model“ oder das „Sandwich-Design“. Teilweise musste man befürchten, dass sich irgendwann eine Art *Design-Overload* einstellen würde, d.h., es drohte geradezu eine Inflation von Designformen (siehe auch Hussy et al., 2013: 292). Da sich die Konzeption eines Forschungsdesigns sinnvollerweise nach der zu untersuchenden Forschungsfrage richtet, existiert prinzipiell eine riesige Anzahl von Designformen. Anstatt die Leserinnen und Leser mit einer solchen, kaum zu überblickenden Vielzahl von Designs zu konfrontieren, ziehe ich es im Folgenden vor, die wichtigsten Haupttypen von Mixed-Methods-Designs vorzustellen. Die Designs werden jeweils mit einem Beispiel aus der Forschungspraxis illustriert. Um Beispiele aus dem deutschsprachigen Bereich zu finden, wurden die letzten Jahrgänge von fünf führenden Zeitschriften durchsucht, und zwar: Zeitschrift für Soziologie, Kölner Zeitschrift für Soziologie und Sozialpsychologie, Zeitschrift für Pädagogik, Zeitschrift für Erziehungswissenschaft und Zeitschrift für Evaluation. Das Resultat war relativ bescheiden: Es fanden sich nur wenige Beiträge über empirische Forschungen, die mit Mixed-Methods-Designs gearbeitet haben. Insofern zeigte die Recherche quasi als Nebeneffekt, dass die Mixed-Methods-Forschung in Deutschland noch in den Anfängen steckt. Eine Reihe interessanter Forschungsbeispiele findet man in dem von Michaela Gläser-Zikuda et al. herausgegebenen Sammelband „Mixed Methods in der empirischen Bildungsforschung“ (2012).

Im Folgenden sollen zunächst einige grundlegende Aspekte von Designs in der empirischen Sozialforschung skizziert werden. Daran anschließend werden Systematisierungsvorschläge von Designs dargestellt, wie sie von einzelnen amerikanischen Autor_innen vorgenommen werden.

Allgemeines zu Designs in der empirischen Forschung

In der empirischen Sozialforschung versteht man unter Design (auch Forschungsdesign, Untersuchungsdesign) ganz allgemein die Art und Weise wie eine empirische Untersuchung angelegt wird. Bei Diekmann (2007: 186-200) ist dies eine bestimmte Phase der Planung und Vorbereitung einer Untersuchung, in der die Untersuchungsebenen, die Formen der Datenerhebung, deren Reihenfolge und Ablauf sowie die Instrumente und Stichproben festgelegt werden.

Für die Wahl eines Designs ist zunächst entscheidend, welche Art von Studie man durchführen möchte. Es existiert eine Reihe von diesbezüglichen Systematisierungen, von denen mir die von Diekmann getroffene Unterscheidung von vier Haupttypen empirischer Studien einfach und klar erscheint. Diekmann (2007: 33) unterscheidet zwischen

- explorativen Studien,
- deskriptiven Studien,
- hypothesentestenden Studien und
- Evaluationsstudien.

Für alle vier Studientypen gilt, dass sie prinzipiell sowohl als qualitative als auch als quantitative Untersuchungen durchgeführt werden können. Würde man statistisch auswerten, wie häufig qualitative oder quantitative Methoden bei den jeweiligen Studientypen eingesetzt werden, würde sich mit Sicherheit keine Gleichverteilung ergeben. Für explorative Studien werden bspw. häufiger qualitative Methoden eingesetzt und für deskriptive Studien des Survey-Typs eher quantitative Methoden. An dieser Stelle soll die prozentuale Qualitativ-quantitativ-Verteilung aber gar nicht weiter von Interesse sein; es geht vorrangig um die Feststellung, dass es keine feste Verbindung zwischen Studientyp und Methodentyp gibt. Die Unterscheidung in nur vier Studientypen ist zwar recht grob und ließe sich problemlos weiter ausdifferenzieren; sie ist aber hinreichend differenziert, um zu erkennen, dass eine Zweiteilung von Studientypen in hypothesengenerierende und hypothesentestende Untersuchungen, wie man sie häufig in der Methodenliteratur vorfindet, zu kurz greift. In deskriptiven Studien spielen normalerweise Hypothesen keine Rolle – es geht weder um das Generieren noch um das Testen derselben – und bei Evaluationsstudien ist eine fundierte Bewertung von Maßnahmen, Programmen, Produkten etc. das Ziel; dort geht es also ebenfalls weder um das Generieren noch das Testen von Hypothesen.

Mithilfe eines Forschungsdesigns wird möglichst genau beschrieben, wie man bei einem geplanten Forschungsprojekt vorgehen, welche Konzepte man mit welchen Mitteln untersuchen und welche Forschungsteilnehmenden (in der quantitativen Forschung spricht man eher von Probanden, Versuchspersonen oder Forschungsobjekten) man auf welche Art und Weise auswählen will. Ferner geht es um die Frage, welche Instrumente zum Einsatz kommen sollen, welche Indikatoren man verwenden will und dergleichen mehr. Die Entwicklung eines die Forschungsfrage optimal umsetzenden Designs steht deshalb am Anfang jedes empirischen Projektes. Das Design ist die entscheidende Basis für jede empirische Studie und stellt quasi die Leitlinie und den Fahrplan für die gesamte Untersuchung dar. Es bestimmt entscheidend die Möglichkeit der Verallgemeinerung der Resultate, d.h. die potenzielle Reichweite der Aussagen.

Bevor ich mich mit konkreten Mixed-Methods-Designs befasse und die in der amerikanischen Diskussion vorgenommenen Systematisierungen aufgreife, erscheint es sinnvoll, noch einmal genauer hinzuschauen und verschiedene Phasen eines Forschungsprojektes zu unterscheiden. Dabei soll nur der eigentliche Kern eines Projektes betrachtet werden und nicht die vorgelagerte Phase der Aufarbeitung des Forschungsstandes und die nachgelagerte Phase der Verbreitung und Kommunikation der Forschungsresultate. Gemeinhin werden vier Hauptphasen eines empirischen Forschungsprojektes unterschieden, wobei diese im Fall von qualitativ orientierter Forschung durchaus in mehreren iterativen Zyklen durchlaufen werden können, d.h. bei qualitativen Ansätzen verläuft der Forschungsprozess weniger linear, sondern eher spiralförmig.

1. Die Phase der Planung des Projektes

In dieser Phase ist zu klären, was man genau untersuchen will. Die Forschungsfrage muss präzise formuliert werden, Theoriebezüge – falls vorhanden – sind herzustellen. Es muss entschieden werden, welcher Untersuchungstyp angemessen ist, d.h. es muss eine Auswahl zwischen den verschiedenen Studientypen: explorativ, deskriptiv, hypothesentestend und Evaluation getroffen werden. In dieser Planungsphase wird das Design entwickelt. Bei quantitativen Untersuchungen werden die Konzepte spezifiziert und operationalisiert, die Indikatoren werden bestimmt und die Instrumente ausgewählt bzw. neu konstruiert und erprobt. Bei qualitativen Studien erfolgt die Entscheidung für die angemessene Art der Datenerhebung; es wird möglicherweise ein Leitfaden erstellt und ausprobiert, Beobachtungssettings werden überlegt und die geeigneten Zugänge zu den Forschungsteilnehmenden hergestellt.

2. Die Phase der Datenerhebung

In dieser Phase erfolgt die Durchführung der Erhebung(en). In der quantitativen Forschung steht am Ende dieser Phase eine überwiegend aus Zahlen bestehende Datenmatrix. Die Daten werden bereinigt, auf Plausibilität geprüft und dienen als Grundlage für die folgende Phase der statistischen Datenanalyse. In der qualitativen Forschung werden die meist verbalen Daten zunächst durch Verschriftlichung in eine besser analysierbare Form überführt. Erste Eindrücke und Vermutungen über Zusammenhänge werden festgehalten, teilweise findet auch bereits ein erstes Codieren des Materials statt.

3. Die Phase der Datenanalyse

Die in der vorangehenden Phase erhobenen Daten werden nun ausgewertet. In der quantitativ orientierten Forschung geschieht dies, indem zunächst beschreibende Statistiken erstellt und daran anschließend Zusammenhänge statistisch analysiert und unter Umständen auch die im Design bereits formulierten Hypothesen getestet werden. In der qualitativen Forschung existieren unterschiedliche Ansätze für die Auswertung. In den meisten Fällen wird das Datenmaterial kategorisiert, codiert und interpretiert. Es werden themenorientierte Auswertungen durchgeführt, Zusammenhänge analysiert und ggf. besonders wichtige Kategorien („Schlüsselkategorien") herausgearbeitet bzw. identifiziert und das Datenmaterial wird ggf. in mehreren Durchläufen auf diese Schlüsselkategorien hin analysiert.

4. Die Phase der Interpretation und der Bewertung der Ergebnisse

Gleichgültig, ob man quantitative oder qualitative Daten auswertet, im Anschluss an die Datenanalyse folgt immer eine Phase, in der man abschließende Bewertungen vornimmt und in der weitergehende Interpretationen der Resultate als in der Phase der Datenanalyse stattfinden. Man versucht, den roten Faden durch das Labyrinth der einzelnen Befunde hindurch zu legen und eine schlüssige Argumentationskette zu entwickeln. Schlussendlich wird ein Forschungsbericht erstellt, dessen Aufgabe es ist, die zu Beginn der Forschung gestellten Fragen möglichst klar zu beantworten.

Diese vier Hauptphasen eines Forschungsprojektes werden auch bei einem Mixed-Methods-Projekt durchlaufen, d.h., Mixed-Methods bedeutet nicht, dass eine grundlegende Umorganisation des Forschungsablaufs stattfindet. Für die oben dargestellte Unterscheidung von Haupttypen empirischer Studien gilt, dass alle vier genannten Studientypen auch mit Mixed-Methods-Ansätzen durchgeführt werden können. Für Mixed-Methods gibt es keine Beschränkung auf einen bestimmten Studientyp, sondern hier bietet sich quasi eine dritte Alternative neben qualitativen und quantitativen Methoden an.

Im Vergleich zu herkömmlichen qualitativen oder quantitativen Designs kommen bei einem Mixed-Methods-Design zusätzliche Anforderungen und Entscheidungen hinzu. Im ersten Schritt muss zunächst grundlegend geklärt werden, warum ein Mixed-Methods-Ansatz dem zu untersuchenden Forschungsproblem angemessen ist: Was gewinnt man für die gestellte Forschungsfrage durch Methodenkombination? Warum reicht ein monomethodischer Ansatz zur Beantwortung der Forschungsfrage nicht aus? Im nächsten Schritt wählt man unter den zur Auswahl stehenden Designs die angemessene Form aus. Ein zweiter Punkt, der speziell für Mixed-Methods-Designs relevant ist, betrifft die Überlegung, zu welchem Zeitpunkt die Integration von Daten und/oder Ergebnissen der qualitativen und quantitativen Teilstudie(n) erfolgen soll.

Systematisierung von Designs in der Mixed-Methods-Literatur

Häufig ist der Versuch gemacht worden, Mixed-Methods-Designformen zu systematisieren und zu klassifizieren (vgl. Teddlie & Tashakkori 2003: 27-34). Creswell hat schon in einer früheren Publikation (2003: 211) Kriterien bzw. Dimensionen bei der Entscheidung für ein Mixed-Methods-Design identifiziert, die seither auch in fast allen von anderen Autor_innen gebildeten Design-Systematisierungen eine Rolle spielen. Nach Creswell sind es folgende vier Kriterien, die zu berücksichtigen sind:

(a) Implementation, d.h., in welcher Reihenfolge qualitative und quantitative Erhebung stattfinden; hier sind drei Möglichkeiten gegeben, a) zuerst wird die quantitative Studie durchgeführt, b) zuerst wird die qualitative Studie durchgeführt oder c) beide Studien werden gleichzeitig durchgeführt.

(b) Priorität, d.h., welchem Untersuchungstyp der Vorrang eingeräumt wird. Dienen die qualitativen Ergebnisse eher zur plakativen Erläuterung und liegt das eigentliche Gewicht auf den Resultaten der quantitativen Studie? Oder, umgekehrt: Sind die Ergebnisse der qualitativen Studie prioritär und werden die quantitativen Resultate vornehmlich benutzt, um zusätzliche Informationen, beispielsweise über die zahlenmäßige Verteilung bestimmter Muster und Typen, zu erhalten? Auch bei dem Kriterium „Priorität" lassen sich drei Varianten unterscheiden: Erstens: Der qualitativen Studie wird Priorität eingeräumt. Zweitens: Der quantitativen Studie wird Priorität eingeräumt. Drittens: Beide Studientypen werden gleich gewichtet.

(c) Integration, d.h., zu welchem Zeitpunkt im Forschungsablauf die Integration von qualitativen und quantitativen Daten bzw. Ergebnissen stattfindet. Dies kann bereits bei der Datenerhebung erfolgen, indem im Rahmen einer Survey-Befragung auch offene Fragen ohne Antwortvorgaben gestellt werden. In den meisten Fällen wird man aber erst in der Phase der Datenanalyse, etwa indem qualitative Daten in numerische Daten transferiert werden, oder in der Endphase bei der Interpretation der Daten die Integration vornehmen.

(d) die Rolle der theoretischen Perspektive, d.h., ob diese eher implizit ist oder ob ein theoretischer Rahmen das gesamte Design bestimmt.

Diese vier Dimensionen und ihre möglichen Ausprägungen sind noch einmal zusammenfassend in Abb. 2 dargestellt.

Abb. 2: Entscheidende Dimensionen eines Mixed-Methods-Design (nach Creswell, Plano Clarke, Gutmann & Hanson, 2003: 218)

Implementation	Priorität	Integration	Theoretische Perspektive
• keine Reihenfolge - gleichzeitig • sequenziell: qualitativ zuerst • sequenziell: quantitativ zuerst	• gleichwertig • qualitativ • quantitativ	• bei der Datenerhebung • bei der Datenanalyse • bei der Dateninterpretation • zu mehreren Zeitpunkten	• explizit • implizit

Qua Kombinatorik ergeben sich aus diesen vier Dimensionen theoretisch insgesamt 3 mal 3 mal 4 mal 2, d.h. 72 verschiedene Designtypen, von denen Creswell (2003) sechs Hauptstrategien identifiziert und näher beschreibt, und zwar drei sequenzielle und drei parallele. Bei den drei sequenziellen Strategien handelt es sich um Zwei-Phasen-Designs, die so gestaltet sind, dass zunächst die Studie des einen Methodentyps durchgeführt wird, an die sich dann die Studie des anderen Methodentyps anschließt. Charakteristisch für diese Designtypen ist, dass beide Phasen getrennt voneinander angeordnet sind.

Das erste sequenzielle Design bezeichnet Creswell als „explanatory design“, d.h. als erklärendes oder vertiefendes Design. Es beginnt mit einer quantitativen Erhebung und der statistischen Analyse der erhobenen Daten. Die anschließende qualitative Studie ermöglicht ein vertieftes Verständnis der Resultate und ggf. auch das Verständnis überraschender Ergebnisse. Priorität besitzen bei diesem Designtyp die quantitativen Methoden.

Beim zweiten sequenziellen Design, das Creswell „exploratory design“ (exploratives oder sondierendes Design) nennt, verhält es sich genau umgekehrt: Priorität haben die qualitativen Methoden, mit denen das Projekt auch beginnt (Creswell, 2003: 211-215); die folgende quantitative Studie hat zum Ziel, genauere Zahlenangaben für die entdeckten Tatbestände und Zusammenhänge zu erhalten und die Ergebnisse zu generalisieren. Die Bezeichnung verallgemeinerndes oder generalisierendes Design erscheint deshalb auch treffender als exploratives Design.

Einen dritten Typ von sequenziellem Design bezeichnet Creswell als „transformatives design". Dieses ist durch eine durchgehende theoretische Perspektive gekennzeichnet. Die Datenerhebungen sind hier zwar auch hintereinander angeordnet, es spielt aber eigentlich keine große Rolle, welche Methode zuerst benutzt wird. Die Theorie stellt den Dreh- und Angelpunkt dar und verschiedene Methoden beleuchten unterschiedliche Perspektiven.

Bei allen drei sequenziellen Designformen findet die Integration der beiden Forschungsstränge (bei den englischsprachigen Autor_innen ist meist von „strands" die Rede) erst in der Phase der Dateninterpretation statt. Von diesen drei sequenziellen Design-Strategien unterscheidet Creswell drei Formen paralleler Designs („concurrent triangulation", „concurrent nested" und „concurrent transformative"), bei denen die Forscher_innen beide Methoden gleichzeitig einsetzen. Die erste, am häufigsten anzutreffende Form, bezeichnet Creswell als *parallele Triangulationsstrategie („concurrent triangulation")*. Sie entspricht der klassischen Methodentriangulation Denzins, und zwar der methodenexternen Variante: Separate qualitative und quantitative Studien werden durchgeführt und die Resultate werden miteinander verglichen. Dieses parallele Design hat den Vorteil, dass die Datenerhebungsphase weniger Zeit benötigt als bei den sequenziellen Designformen. Idealerweise kommt beiden Methoden das gleiche Gewicht zu, wenngleich in der Forschungspraxis häufig einem Methodentyp die Priorität eingeräumt wird.

Die beiden anderen von Creswell unterschiedenen Formen des parallelen Designs sehen keine derart strikte Trennung von qualitativem und quantitativem Forschungsstrang vor: Im parallelen verschachtelten Design („concurrent nested strategy") dominiert ein Ansatz deutlich und innerhalb dieses Ansatzes werden bereits in der Phase der Datenerhebung interessierende Teilfragen mithilfe der ergänzenden anderen Methode erhoben. Im *transformativen parallelen Design,* der dritten nicht-sequenziellen Designform, spielt ein theoretischer Rahmen die entscheidende Rolle – die Erhebungen sind entweder verschachtelt oder als parallele Triangulationsstrategie angeordnet.

Creswell hat seit 2003, als er die obige Systematisierung präsentierte, immer wieder Veränderungen in Bezug auf die Kategorisierungen und Bezeichnungen der verschiedenen Mixed-Methods-Designs vorgenommen.[9] Diese Modifikationen der Systematisierungen reflektieren den Entwicklungs- und Diskussionsprozess, der in diesem Zeitraum unter den Protagonist_innen des Mixed-Methods-Ansatzes stattgefunden hat. 2003, bei der Herausgabe der ersten Auflage des „ Handbook of mixed methods in social and behavioral research", hatten Tashakkori und Teddlie zu Recht festgestellt, dass es in Bezug auf einige Basisdefinitionen Inkonsistenzen in der Mixed-Methods-Community gebe (2003: 10-12). Veränderungen der Design-Bezeichnungen und der Terminologie erklären sich häufig auch vor diesem Hintergrund, d.h., man nimmt die Bezeichnungen und Systematisierungen anderer Autor_innen zur Kenntnis und verändert die eigene Systematisierung entsprechend.

Andere Design-Systematisierungen stammen von Sandelowski (2000), Greene (2007) und Tashakkori & Teddlie (2003). Letztere differenzieren die Designformen noch weiter aus und konzipieren zusätzlich weitere Formen, bei denen zahlreiche Querverbindungen zwischen den beiden Methodensträngen im Verlauf eines Forschungsprojekts eingebaut sind (2003: 688-690). Das komplexeste und am weitesten fortgeschrittene Design („fully integrated mixed model design") erlaubt dem Forschenden qualitative und quantitative Methoden in vielen bzw. allen Phasen des Forschungsprozesses miteinander zu verknüpfen. Zudem können erhobene Daten auch transformiert werden, d.h., mit qualitativen Daten erhobene Daten können quantifi-

---

9 In der letzten, kurz vor Fertigstellung des vorliegenden Buchs erschienenen Publikation (Creswell, 2014) unterscheidet er sechs Designtypen: drei Basis-Designs, die den unten von mir beschriebenen Designs (Paralleldesign, Vertiefungsdesign und Verallgemeinerungsdesign) entsprechen, und drei komplexere Designs.

ziert und statistisch analysiert werden. Bei der Systematisierung von Tashakkori & Teddlie ergeben sich zahlreiche Kombinationsmöglichkeiten. Bereits dann, wenn man die beiden Merkmale *Sequenz* (vier Ausprägungen[10]) und *Priorität* (drei Ausprägungen[11]) kombiniert, ergeben sich 12 verschiedene Designformen. Noch komplexer und zahlreicher werden die Designformen, wenn man die oben genannten vier Typen von Untersuchungen in Rechnung stellt, dann gäbe es bereits 48 verschiedene Designs, die zwar vermutlich in der Forschungspraxis nicht alle vorkommen, aber doch insgesamt eine kaum mehr überschaubare Vielfalt aufweisen.

Eine interessante und einfache Untergliederung von Motivationen für Mixed-Methods-Forschung nimmt Morgan (2014) vor: Er unterscheidet drei Motivationen für die Kombination von qualitativen und quantitativen Methoden: „convergent findings" (konvergierende Ergebnisse), „additional coverage" (zusätzliche Abdeckung) und „sequential contribution" (sequenzieller Beitrag). Die Motivation „convergent findings" entspricht der klassischen Motivation bei der Triangulation, wie sie auch schon in der Unterscheidung von Greene et al. (1989) zu finden ist. Man ist daran interessiert zu erkunden, ob sich mit einer anderen Methode die gleichen Resultate ergeben. In der üblichen Notation von Morse (1991) lässt sich ein solches Desgin als QUAL + QUANT darstellen, d.h., zwei Studien werden völlig unabhängig voneinander durchgeführt und haben natürlich auch die gleiche Relevanz. Die Motivation „additional coverage" entspringt dem Wunsch, durch verschiedene Methoden eine erweiterte Sichtweise auf das untersuchte Problem zu erhalten und zusätzliches, vertiefendes Wissen zu generieren. Diese Unterscheidung entspricht der Aufgabe „Komplementarität" bei Greene et al. (1989). Unter Einbezug des Kriteriums der Priorität lassen sich hier drei Varianten unterscheiden: QUAL + QUANT für gleiche Priorität und QUAL + quant bzw. qual + QUANT für Designs, in denen jeweils einer Methode die größere Relevanz zugesprochen wird. Interessant an der Morganschen Unterscheidung ist, dass hier eine Differenzierung des Parallelde-

---

10 Unterschieden in (1) parallele Anordnng, (2) sequenziell: qualitativ zuerst, (3) sequenziell: quantitativ zuerst und (4) verschachtelt, eingebettet.

11 Unterschieden in (1) Priorität qualitativ, (2) Priorität quantitativ und (3) beide gleiche Priorität.

signs augenfällig wird, nämlich die Differenz von QUAL = QUANT und QUAL + QUANT, d.h. zwischen dem Motiv der Triangulation und dem Motiv einer Wissenserweiterung. Morgans dritter Motivationstyp „sequential contributions“ umfasst unter Einbeziehung des Kriteriums „Priorität“ sechs Varianten (QUAL → QUANT; QUANT → QUAL; qual → QUANT; quant → QUAL; QUANT →qual; QUAL → quant). Entsprechende Beschreibungen dieser Designs findet man bei Morgan (2014: 63-84).

Solche Systematisierungen von Motivationen und Designformen, wie sie hier von den bekannten Autor_innen der Mixed-Methods-Community vorgenommen werden, gehen fast immer davon aus, dass es sich bei den Teilstudien um jeweils geschlossene Einheiten handelt. Berücksichtigt man die Binnendifferenzierung einer Studie, gestaltet sich die Sache noch komplexer. Es sei an die oben dargelegte Unterscheidung von vier Hauptphasen des Forschungsablaufs erinnert, nämlich Planung, Datenerhebung, Datenanalyse und Interpretation und Bewertung der Ergebnisse. Berücksichtigt man diese Differenzierung, ergeben sich für Mixed-Methods-Designs weitere Möglichkeiten des Mixings, die wesentlich flexibler und vielfältiger als bei Betrachtung einer Studie als ein quasi in sich geschlossenes Ganzes sind.

In den älteren Publikationen von Tashakkori und Teddlie findet man den auf den ersten Blick etwas irritierenden Begriff der „Mixed-Model-Designs“. Darunter verstehen die Autoren nicht eine Kombination von qualitativer und quantitativer Teilstudie, sondern sozusagen ein Cross-over beider Methodenfamilien innerhalb der gleichen Teilstudie: Qualitative Daten werden bspw. auch quantitativ-statistisch ausgewertet und umgekehrt werden quantitative Daten auch qualitativ ausgewertet. Bei der Bezeichnung „Mixed-Model-Design“ bezieht sich der Begriff „Model“ also auf den Methodenbereich und der Begriff „mixed“ darauf, dass man bei der Analyse der Daten – seien sie nun qualitativ oder quantitativ – auch Methoden aus dem alternativen Methodenspektrum zur Anwendung bringt. Lange Zeit wurde der Begriff „Mixed-Model“ von Tashakkori und Teddlie als Oberbegriff benutzt, d.h., Studien waren entweder Mixed-Methods-Studien *oder* Mixed-Model-Studien. Der Begriff „Mixed-Model-Design“ wurde in der Design-Diskussion bis etwa 2007 noch recht häufig benutzt, ist aber inzwischen nur noch selten anzutreffen. Auch Tashakkori und Teddlie benutzen nun nur noch den Oberbegriff „Mixed-Methods-Design" und begreifen „Mixed-Model-Designs" als eine spezielle Form hiervon.

Manche Autor_innen wie Morgan, Tashakkori und Teddlie und teilweise auch Creswell gehen implizit davon aus, dass eine Forschungsfrage entweder qualitativen oder quantitativen Typs sei. Dieses Entweder-oder erscheint mir aber keineswegs zwingend. Natürlich lassen sich Forschungsfragen formulieren, die eindeutig qualitativ oder eindeutig quantitativ ausgerichtet sind, sodass sie sich im Falle des Letzteren nur mit statistischen Methoden beantworten lassen. Die Mehrzahl der Forschungsfragen besitzt aber sowohl qualitative wie quantitative Aspekte. Wenn man etwa danach fragt, welche Auswirkungen Arbeitslosigkeit hat, so ist sowohl die Fallperspektive von Interesse, d.h., wie genau sich die Auswirkungen der Arbeitslosigkeit auf der Fallebene etwa in Form von biographischen Brüchen nachzeichnen lassen, als auch die aggregierte quantitative Ebene, d.h., wie groß der Anteil derjenigen ist, die bspw. mit Apathie reagieren, oder welche signifikanten Zusammenhänge es zwischen dem Bildungshintergrund und bestimmten Bewältigungsstrategien gibt.

Im Folgenden werden nun vier sehr häufig genutzte Basis-Designs ausführlicher betrachtet sowie unter der Überschrift „Komplexe Designformen" verschiedene Möglichkeiten der Erweiterung skizziert.

Das parallele Design

Die erste Phase der Planung empirischer Forschung, der Formulierung der Forschungsfrage, des eventuellen Bezugs auf Theorien, leitet natürlich jedes Mixed-Methods-Projekt ein. Im Fall eines Parallel-Designs trennen sich dann allerdings die Wege. Das Projekt besteht aus einer qualitativen und einer quantitativen Teilstudie, die parallel zueinander angeordnet sind, d.h., gleichzeitig durchgeführt werden. Bezieht man das Kriterium der Priorität ein, so ergeben sich in der oben dargestellt Basisnotation folgende Varianten:

QUANT + qual – Die quantitative Studie besitzt Priorität.

Quant + QUAL – Die qualitative Studie besitzt Priorität.

QUANT + QUAL – Beide Stränge besitzen die gleiche Priorität.

Diese Form des Designs wird in der englischsprachigen Methodenliteratur als „convergent design", „concurrent design" oder „parallel design" bezeichnet. Alle Bezeichnungen bringen die Gleichzeitigkeit von qualitativer und quantitativer Teilstudie zum Ausdruck. Im Deutschen scheint mir die Bezeichnung *Parallel-Design* oder *paralleles Design* treffender als zusammenlaufendes, gleichzeitiges oder konvergierendes Design, bringt sie doch zum Ausdruck, dass hier die qualitative und quantitative Studie wie zwei unterscheidbare Flussläufe parallel verlaufen. Sofern Triangulation das Motiv für dieses Design ist, verlaufen die Studien unabhängig voneinander, d.h. ohne jegliche Querverbindung: Eine quantitative Studie wird nach den Standards der quantitativen Forschung durchgeführt, die Daten werden analysiert und die Ergebnisse werden in einem Forschungsbericht festgehalten. Gleiches geschieht für die qualitative Teilstudie. Auch diese wird nach herkömmlichen Standards, hier der qualitativen Forschung, durchgeführt und die Resultate münden ebenfalls in einen Bericht, welcher die Ergebnisse dieser Teilstudie in üblicher Weise darstellt. Ein komplettes Eigenleben führen die beiden Teilstudien aber nicht, denn zu zwei Zeitpunkten gibt es eine Verbindung der Studien: zu Beginn, wenn die Forschungsfrage formuliert wird und die beiden Teilstudien geplant werden, und in der Endphase des Projekts, wenn die Ergebnisse der Studien aufeinander bezogen werden. Insofern ergibt sich schon für die einfache Form des parallelen Designs folgende erweiterte Schematisierung, die über die einfache Notation QUAL + QUANT hinausgeht (siehe Abb. 3).

Abb. 3: Ablaufschema eines parallelen Designs

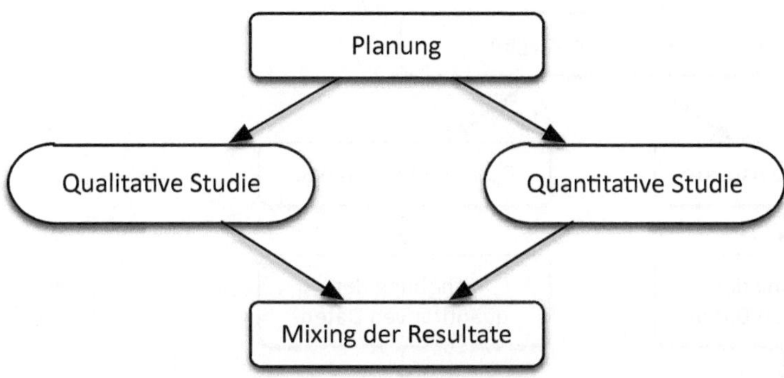

Für Mixed-Methods-Forschung stellt sich, sofern sie nicht dem Triangulationsmotiv folgt, der im ersten Abschnitt dieses Kapitels dargestellte, aus vier Hauptphasen bestehende Forschungsablauf auf eine spezifische Weise dar, denn wir besitzen ja nun zwei Forschungsstränge und es stellt sich die Frage, an welchem Punkt diese beiden Stränge miteinander verbunden werden, zu welchem Zeitpunkt das Mixing stattfindet. Wir finden also eine Situation vor, die sich folgendermaßen schematisieren lässt (siehe Abb. 4).

In der Forschungspraxis kann man sich das Paralleldesign so vorstellen, dass die beiden Forschungsberichte erstellt werden und erst im Anschluss daran versucht wird, die Ergebnisse aufeinander zu beziehen und quasi auf einer Metaebene zu integrieren. Auf diese Vorstellung referenziert der häufig benutzte Begriff „Meta-Inferenzen", der auch in Abb. 4 für die Erstellung eines integrativen Berichts verwendet wird.

Abb. 4: Detailliertes Ablaufschema beim parallelen Design

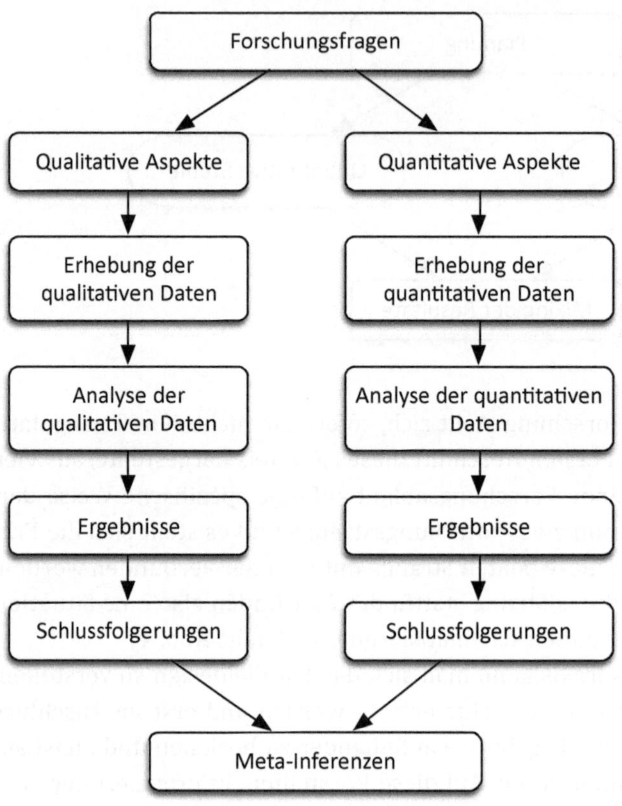

Die praktische Realisierung eines Paralleldesigns kann man sich in einem größeren Projekt, an dem viele Forschende beteiligt sind, sogar so vorstellen, dass getrennte Forschungsteams die beiden Teilstudien bearbeiten und quasi bis zur Fertigstellung des Forschungsberichts völlig unabhängig und voneinander unbeeinflusst arbeiten. Erst im Anschluss daran findet in einer neuen fünften Phase die Integration der Ergebnisse der beiden Teilstudien statt.

Ein Mixed-Methods-Ansatz will immer mehr sein als bloß das additive Zusammentragen von mit unterschiedlichen Methoden erzielten Ergebnissen. Zumindest dem Anspruch nach soll der Aristoteles-Spruch, dass das

Ganze mehr als die Summer seiner Teile sei, stimmen. Durch ein Mixed-Methods-Design lassen sich Erkenntnisse erzielen, die über die Ergebnisse einzeln eingesetzter qualitativer oder quantitativer Forschung, aber auch über die bloße Addition von deren Ergebnissen, hinausgehen. Diese Position, dass die Integration den entscheidenden Pluspunkt ausmacht, ist aber nicht bei allen Mixed-Methods-Forscher_innen anzutreffen – für manche ist die Verwendung beider Methoden schon per se ein Gewinn, weil neue Perspektiven hinzukommen und sich quasi auf natürliche Weise ein kompletteres Bild des untersuchten Problems ergibt. Sehr häufig wird in diesem Zusammenhang auch mit der Komplementaritätsmetapher argumentiert, d.h., die Ergebnisse wären bei einem monomethodischen Ansatz ebenso unvollständig wie ein nicht-vollständiges Puzzle, bei dem noch Teile zum ganzen Bild fehlen.

Geradezu beispielhaft wird das Parallel-Design schon seit längerer Zeit in den in Deutschland weithin bekannten Shell-Jugendstudien (zuletzt Albert, Hurrelmann & Quenzel, 2010) praktiziert. Zeitlich parallel wird jeweils ein für die deutsche Jugend repräsentativer, fast ausschließlich mit standardisierten Fragen arbeitender Survey und eine qualitative Studie mit leifadenorientierten Interviews durchgeführt. Die Auswertungen beider Teilstudien erschienen zumeist in Buchform als gesonderte Bände und lediglich in der ausführlichen Zusammenfassung wurde eine Integration der Resultate dieser beiden unterschiedlichen Studien versucht.

Beispiel für ein Parallel-Design

Albert, M., Hurrelmann, K. & Quenzel, G. (2010). *Jugend 2010 - 16. Shell Jugendstudie*. Frankfurt a. M.: Fischer-Taschenbuch-Verlag.

Die 16. Shell-Jugendstudie weist wie ihre Vorgängerstudien ein paralleles Design auf. Für den quantitativen Teil der Studie werden auf Basis einer Quotenstichprobe 2.604 deutsche Jugendliche im Alter zwischen 12 bis 25 Jahren ausgewählt. Die Befragung erfolgt mit einem standardisierten Fragebogen. Die Jugendlichen werden zu ihrer Lebenssituation, ihren Zukunftsvorstellungen und ihren Einstellungen zu privaten, gesellschaftlichen und politischen Themen befragt. Die quantitative Teilstudie bildet den Schwerpunkt der

Shell-Jugendstudie und ermöglicht, weitreichende Aussagen über die Einstellungen deutscher Jugendlicher zu treffen.

Ergänzend dazu wird eine qualitative Teilstudie, bestehend aus 20 Interviews mit Jugendlichen, durchgeführt. Die interviewten Jugendlichen sind ebenfalls zwischen 15 und 24 Jahre alt und werden anhand verschiedener Kriterien ausgewählt, um eine möglichst große Vielfalt an jugendlicher Lebensrealität näher beleuchten zu können. Die leitfadengestützten Interviews zeichnen sich durch eine große Offenheit sowie einen deutlich erzählgenerierenden Charakter aus. Sie dauerten zwischen 2,5 und 3 Stunden. Dies dient der Zielsetzung, die Lebenssituation der Jugendlichen konkret nachvollziehen zu können sowie ihre persönlichen Ansichten in einem offenen Gespräch zu erfahren. Die Auswertung der Interviews erfolgt fallorientiert.

Das Parallel-Design der Shell Jugendstudie ermöglicht zum einen generalisierbare Aussagen über die deutsche Jugend zu treffen, die ergänzenden qualitativen Interviews erlauben darüber hinaus vertiefend auf bestimmte Themen einzugehen und mögliche, hinter quantitativ vorgefundenen Fakten liegende Deutungs- und Handlungsmuster aufzudecken.

In der Shell-Jugendstudie besitzt eindeutig die quantitative Perspektive den Vorrang: Es sind hauptsächlich die Ergebnisse der statistischen Analyse der Surveydaten, die von den Autor_innen in der Öffentlichkeit kommuniziert werden.

In Bezug auf die von Creswell für Designformen genannten Kriterien „Priorität“ und „Theoriebezug“ sind bei parallelen Designs verschiedene Varianten und Konstellationen denkbar, wobei die dargestellte Shell-Jugendstudie mit ihrer deskriptiven Ausrichtung und quantitativen Schwerpunktsetzung eine Möglichkeit darstellt. In den meisten Fällen ist es der Wunsch, ein kompletteres Bild des untersuchten Problems zu erhalten, der zur Entscheidung für das Parallel-Design führt, hingegen ist das Motiv der gegenseitigen Validierung im Sinne eines Triangulationsdesigns zumindest in Deutschland seltener anzutreffen.

Sequenzielle Designs

Das Gegenstück zu parallelen Designs stellen sequenzielle Designs dar, bei welchen die beiden Teilstudien eben nicht gleichzeitig, sondern hintereinander gestaffelt stattfinden. Die Ergebnisse der ersten Studie beeinflussen die folgende Studie, weshalb sequenzielle Designformen für Triangulationsdesigns prinzipiell ungeeignet sind.

Bei sequenzieller Anordnung ergeben sich zwei Varianten des Aufeinanderfolgens, die in der folgenden Abbildung 5 dargestellt sind.

Abb. 5: Zwei Varianten sequenzieller Basis-Designs

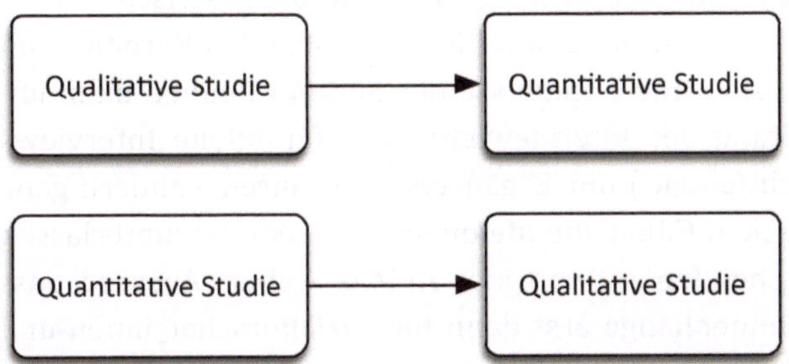

Die beiden Schemata verdeutlichen die beiden Möglichkeiten für sequenzielle Basis-Designs: Man kann mit der qualitativen Studie beginnen (erste Variante) oder man kann mit der quantitativen Studie beginnen (zweite Variante). Manchmal ist das sequenzielle Design auch rein pragmatisch begründet: Man führt einfach zuerst die qualitative Studie durch und aufgrund von relativ wenig Mitarbeiter_innen braucht man alle verfügbaren Ressourcen, um die Feldphase für die quantitative Studie kurz zu halten. Dies wäre aber eigentlich nur eine verkappte Form des Parallel-Designs, denn das Interessante am sequenziellen Design ist ja gerade, dass hier die Ergebnisse der zuerst eingesetzten Methode die Gestaltung und Durchführung der zweiten Studie beeinflussen. Je nachdem mit welcher Methode begonnen wird, kann man zwischen einem *qualitativ-vertiefenden Design* und einem *quantitativ-verallgemeinernden Design* unterscheiden. Im Folgenden benutze ich meistens, wie bereits Mayring (2001), als deutsche

Übersetzung die abgekürzten Begriffe „Vertiefungsdesign“ und „Verallgemeinerungsdesign“.

Das Vertiefungsdesign

Das qualitativ-vertiefende Design, in der Terminologie von Creswell als „explanatory design“ bezeichnet, ist ein Zwei-Phasen-Design, in dem zunächst die quantitative Studie durchgeführt und ausgewertet wird. An diese schließt sich die qualitative Studie an, und zwar mit der Intention, die Resultate des quantitativen Teils durch die qualitative Vertiefung besser zu verstehen. Es kann sich bspw. bei einem repräsentativen Survey zum Umweltbewusstsein zeigen, dass nur sehr geringe Korrelationen zwischen dem Wissen um den globalen Klimawandel und dem individuellen Verhalten im Klimaschutz vorhanden sind. Die Ergebnisse des Surveys können dann unmittelbar in die Gestaltung des Interviewleitfadens für offene Interviews einfließen. Man will nicht einfach nur Ergänzendes erfahren, sondern ganz gezielt die Erklärungslücken füllen, die die quantitative Studie hinterlassen hat. Das Motiv der Forschenden erinnert hier an Max Webers Aussage, dass bloße statistische Zusammenhänge erst dann für Sozialforscher_innen und Gesellschaftstheoretiker_innen interessant und verstehbar werden, wenn sie mit dem subjektiv dahinter erscheinenden Sinn verknüpft werden können. Insofern könnte man das Vertiefungsdesign auch als eine Designform bezeichnen, die nach Sinnadäquanz im Sinne Webers sucht.

Der Basisnotation für Mixed-Methods-Designs folgend lassen sich, das Kriterium Priorität einbeziehend, folgende Varianten unterscheiden:

QUANT → qual – Die zuerst durchgeführte quantitative Studie besitz Priorität, die folgende qualitative Studie hat eher ergänzenden Charakter.

quant → QUAL – Die qualitative Studie besitzt Priorität, die quantitative Studie hat eher die Funktion einer Vorstudie.

QUANT → QUAL – Beide Stränge besitzen gleiche Priorität.

Den möglichen konkreten Ablauf eines vertiefenden sequenziellen Designs zeigt Abb. 6 beispielhaft auf. Hier wird in einer Studie der Jugendforschung, anknüpfend an eine Faktorenanalyse des Freizeitverhaltens der Jugendlichen, der Leitfaden für den folgenden qualitativen Studienteil entwickelt.

Abb. 6: Beispiel für ein Vertiefungsdesign

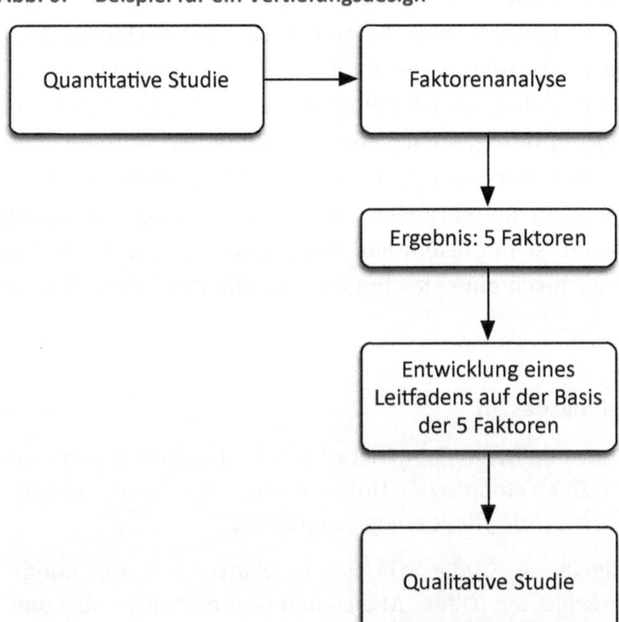

Das Diagramm verdeutlicht den möglichen Workflow bei einem solchen Design. Die Faktorenanalyse einer Itembatterie zum Freizeitverhalten von Jugendlichen hat zum Ergebnis, dass fünf Faktoren unterschieden werden können („Sport und Bewegung", „Beschäftigung mit dem Computer bzw. Computerspiele" etc.). Auf dieser Grundlage lässt sich nun ein Leitfaden für qualitative Interviews und/oder Fokusgruppen mit Jugendlichen erstellen, in dem die fünf Bereiche gezielt angesprochen und spezifische Fragen formuliert werden.

Bei der Bestimmung von Forschungsteilnehmenden, die für die an den Survey anschließende qualitative Studie ausgewählt werden, stellt sich natürlich elementar die Frage, für welches Auswahlverfahren man sich entscheiden soll. Die Survey-Ergebnisse werden ja nur dann besser verstehbar, wenn man typische Repräsentant_innen bestimmter sozialer Kategorien auswählt. Hätte man bspw. festgestellt, dass sich die Faktorwerte des Faktors „politisches/gesellschaftliches Engagement" nach Alter und Geschlecht unterscheiden, wäre es angeraten, diese beiden Merkmale als Quotierungsmerkmale für die Zusammenstellung der qualitativen Stichprobe zu benutzen. So könnte man vermeiden, dass zufällig und unbeabsichtigt nur eine bestimmte Altersgruppe einbezogen wird oder das qualitative Sample einen Geschlechter-Bias aufweist. Normalerweise wird der Umfang der qualitativen Stichprobe relativ klein im Vergleich zum vorausgegangenen Survey sein. Eine Quotenauswahl ist in diesem Fall meist besser geeignet als eine Zufallsauswahl, weil hierdurch eine gleichmäßige Größe der Zellen des Designs garantiert wird.

Beispiel für ein Vertiefungsdesign

Sachweh, P. (2013). Symbolische Grenzziehungen und subjektorientierte Sozialstrukturanalyse. Eine empirische Untersuchung aus einer Mixed-Methods-Perspektive. *Zeitschrift für Soziologie*, 42(1): 7-27.

Sachweh untersucht in dieser Studie, wie sich in Deutschland Angehörige verschiedener sozialer Schichten (Ober-, Mittel- und Unterschicht) selbst und in Abgrenzung zu anderen definieren und ob dabei schichtspezifische Unterschiede festzustellen sind. Im ersten Schritt erfolgt eine sekundäranalytische Auswertung der ALLBUS-Studie von 2002. Diese soll darüber Aufschluss geben, ob sich die im internationalen Kontext vorgefundenen Muster symbolischer Grenzziehung – sozio-ökonomische, kulturelle und moralische – auch in Deutschland wiederfinden und ob dabei schichtspezifische Unterschiede bestehen. So wird bspw. untersucht, ob auch für Deutschland nachweisbar ist, dass sich Personen, die sich selbst der Oberschicht zuordnen, stärker über kulturelle Aspekte der Grenzziehung, wie Bildung oder Intelligenz, definieren und von anderen Schichten abzugrenzen versuchen. Ebenfalls geht es im Anschluss an die Befunde internationaler Studien um die Frage, ob Angehörige der Unterschicht sich stärker durch moralische Aspekte von der Oberschicht abgrenzen.

In der zweiten Phase der Studie werden 20 qualitative Interviews mit Personen aus benachteiligter oder privilegierter sozialer Lage ausgewertet. Anhand dieser Interviews beschreibt der Autor die Bedeutungsgehalte symbolischer Grenzen näher und rückt die Selbstdefinitionen sowie Abgrenzungsmerkmale gegenüber Angehörigen anderer Schichten in den Vordergrund. Dadurch gelingt es, auch die Dynamik alltagsweltlicher Abgrenzungs- und Klassifikationsprozesse zu erfassen und zu verdeutlichen sowie die bereits im quantitativen Material vorgefundenen Grenzziehungskategorien zu präzisieren.

Das sequenzielle Design beginnt mit einer quantitativen Untersuchung, die primär der Bestätigung internationaler Forschungsergebnisse in Bezug auf Deutschland dient. Daran anschließend ergänzen die qualitativen Ergebnisse das Bild. Die Integration beider Forschungsstränge findet in der Ergebnisdarstellung statt, in der die qualitativen Ergebnisse entlang der quantitativ vorgefundenen Grenzziehungskategorien dargestellt werden. Die qualitativen Ergebnisse lassen die abstrakten Kategorien greifbarer und verständlicher erscheinen.

Das Verallgemeinerungsdesign

Bei dieser Designform, von Creswell als „exploratory design" bezeichnet, handelt es sich ebenfalls um ein Zwei-Phasen-Design, wobei die beiden Phasen aber genau anders herum wie beim qualitativ-vertiefenden Design angeordnet sind. Hier steht nämlich die qualitative Studie zeitlich am Anfang des Projektes.

In der Basisnotation für Mixed-Methods-Designs lassen sich folgende Varianten unterscheiden:

QUAL → quant – Die qualitative Studie besitzt Priorität, die quantitative Studie hat eher ergänzenden Charakter.

qual → QUANT – Die quantitative Studie besitzt Priorität, die qualitative Studie hat die Funktion einer Vorstudie.

QUAL → QUANT – Beide Stränge besitzen gleiche Priorität.

Im ersten qualitativen Schritt ist das Design auf Exploration hin angelegt, d.h. ein bislang weitgehend unbekanntes Phänomen wird mit qualitativen Methoden erforscht. Die quantitative Studie schließt sich an die qualitative Studie an, wobei je nach Studientyp damit unterschiedliche Zielsetzungen verbunden sein können. Zum einen kann das Motiv bestimmend sein, die qualitativen Befunde *verallgemeinern* zu können. Qualitative Studien arbeiten üblicherweise mit relativ kleinen Fallzahlen, d.h. auch dann, wenn die

Resultate der qualitativen Studie noch so plausibel sind, stellt sich die Frage, ob die Zusammenhänge denn auch jenseits der kleinen Zahl der Forschungsteilnehmenden Gültigkeit besitzen. Das zweite Motiv kann darin bestehen, über bestimmte Zusammenhänge genauere Zahlenangaben zu bekommen. In der historisch bedeutsamen Studie „Die Arbeitslosen von Marienthal" haben die Forschenden bspw. als ein wichtiges Resultat ihrer qualitativen Studie eine Typologie von Haltungstypen entwickelt, bei der sie zwischen vier Typen unterschieden. Später haben die Forscher_innen dann eine Totalerhebung in diesem Ort durchgeführt, die Merkmale des jeweiligen Haltungstyps als Indikatoren formuliert und die zahlenmäßigen Anteile an der Bevölkerung ermittelt. Dabei mussten sie u.a. die Erfahrung machen, dass der Haltungstyp „Die Apathischen" nur einen sehr kleinen prozentualen Anteil hatte. Hier hatten sie - zufälligerweise oder nicht - offenbar mehr oder weniger alle Apathischen des Ortes in ihrer kleinen Stichprobe erfasst.

Das verallgemeinernde sequenzielle Design ist folglich dann besonders gut geeignet, wenn man beabsichtigt, die Ergebnisse einer explorativen qualitativen Studie zu generalisieren. Das ist sicherlich weniger bei einer klassischen Case Study der Fall, aber umso mehr, wenn man an der Ermittlung von Regelmäßigkeiten interessiert ist, so wie die Marienthal-Forschergruppe sich primär für die allgemeinen Effekten von Arbeitslosigkeit interessierte und nicht singulär für die Auswirkungen von Arbeitslosigkeit bei einzelnen Personen oder Familien im Ort Marienthal. Bei einer solchen Feldforschung könnte es geradezu fatal sein, wenn singuläre Tatbestände fälschlicherweise generalisiert würden. An diesem Punkt sollte allerdings kritisch angemerkt werden, dass die öffentliche Wahrnehmung von empirischer Sozialforschung umso mehr Aufmerksamkeit erzielt, je plakativer und sensationeller ihre Ergebnisse sind. Eine Schlagzeile wie „Arbeitslosigkeit macht apathisch" käme da natürlich in der Öffentlichkeit sehr gut an und diese öffentliche Resonanz übt auf die Forschenden auch einen gewissen Reiz aus, sodass man möglicherweise das plakativ Singuläre stärker zum Allgemeinen deklarieren möchte als dies tatsächlich der Fall ist.

Beispiel für ein Verallgemeinerungsdesign

Yu, S. (2012). College students's justification for digital piracy: A mixed methods study. *Journal of Mixed Methods Research*, 6(4), 364-378.

In seiner Studie untersucht Yu, wie Studierende digitale Piraterie moralisch bewerten und rechtfertigen. Für den ersten qualitativen Teil der Studie interviewte Yu 40 Studierende. Die Hauptfragen waren, ob und inwieweit Studierende digitale Piraterie als Straftat wahrnehmen und für wie schwerwiegend sie dies im Vergleich zu anderen Straftaten halten. Für Letzteres wurde im Rahmen der Interviews ein Kartenspiel verwendet, bei dem die Teilnehmenden gebeten wurden, die vorgelegten Straftaten entsprechend der Schwere des Verbrechens zu sortieren und die Gedanken bei diesem Sortiervorgang zu äußern. Die Interviews zeigen, dass digitale Piraterie zumeist nicht als schwerwiegende Straftat aufgefasst wird. Das wird unter anderem damit begründet, dass aus Sicht der Befragten kein physischer Schaden entsteht. Zum Teil wird digitale Piraterie sogar allgemein akzeptiert und das, obwohl die meisten Studierenden durchaus anerkennen, dass es sich dabei um eine Straftat handelt. Basierend auf diesen Erkenntnissen arbeitet Yu Rechtfertigungsmuster für digitale Piraterie heraus, wie bspw. den fehlenden physischen Schaden oder das Verleugnen eines Opfers digitaler Piraterie. Diese Ergebnisse deuten für ihn darauf hin, dass Studierende weniger versuchen, digitale Piraterie moralisch zu rechtfertigen, sondern vielmehr dazu neigen, Techniken der Neutralisierung anzuwenden, sie also zu bagatellisieren.

Darauf aufbauend entwickelt Yu einen standardisierten Fragebogen, um zu überprüfen, ob (1) die Beurteilung digitaler Piraterie mit dem allgemeinen moralischen Verständnis zusammenhängt und (2) es einfach wird, digitale Piraterie zu rechtfertigen, wenn Techniken der Neutralisierung angewandt werden. Das Sample der quantitativen Online-Befragung besteht aus 359 Studierenden. Es zeigt sich, dass kein Zusammenhang zwischen dem allgemeinen moralischen Verständnis und der Rechtfertigung von digitaler Piraterie besteht. Allerdings wird deutlich, dass Personen, die Techniken der Neutralisierung akzeptieren, auch eher digitale Piraterie als moralisch vertretbar zu bewerten. Das Design fokussiert den qualitativen Teil der Studie. Die Ergebnisse der Interviews geben neue Einsichten in die Rechtfertigungsmuster von digitaler Piraterie. Der quantitative Teil der Studie dient vor allem der Überprüfung der Verallgemeinerbarkeit der qualitativen Ergebnisse.

Stichprobenbildung bei sequenziellen Designs

Die Stichprobenbildung erfordert insbesondere bei sequenziellen Designs spezielle Überlegungen (Collins, K. M. T. et al., 2007). Unter Stichprobenbildung („Sampling") versteht man das Verfahren der Auswahl der Forschungsteilnehmenden. Dabei stellen sich zwei Hauptfragen: erstens die Frage, auf welche Art und Weise man die Forschungsteilnehmenden auswählt und zweitens, wie viele Personen man auswählt. Für die Bereiche der quantitativen und qualitativen Methoden sind zahlreiche Samplingstrategien entwickelt worden. Im quantitativen Bereich steht das Ziel Verallgemeinerung im Mittelpunkt und im qualitativen Bereich geht es primär um Sättigung (Saturation), wobei sich dieser Begriff je nach Ansatz auf die Sättigung der zu entwickelnden Theorie, auf eine dichte Beschreibung oder auf zu explorierende Themen beziehen kann. Für beide Methoden ist es wichtig, die jeweilige Grundgesamtheit zu bestimmen, denn diese determiniert die möglichen Generalisierungen.

Man unterscheidet drei Haupttypen von Stichprobenverfahren (siehe Diekmann, 2007: 378 ff.): Wahrscheinlichkeitsauswahl, bewusste Auswahl und willkürliche Auswahl. In der quantitativen Forschung ist streng genommen nur bei Zufallsauswahl eine zuverlässige Schätzung von der Stichprobe auf die Grundgesamtheit möglich. Aber wie so oft, steht die Realität der Idealvorstellung im Wege und dazu gehören im Bereich der Zufallsstichprobe bspw. unüberwindliche Schwierigkeiten, eine solche zu ziehen (etwa weil eine entsprechende Liste der Elemente Grundgesamtheit gar nicht existiert) sowie die mangelnde Teilnahmebereitschaft der zufällig ausgewählten Personen. Für die Zufallsauswahl existieren mehrere Modelle, von denen die reine Zufallsauswahl nach dem Urnenmodell das bekannteste Verfahren darstellt. Alle Elemente der Grundgesamtheit befinden sich – wie die Kugeln der Lottozahlen bei der Ziehung derselben – in einer gedachten Urne und haben die gleiche Chance gezogen zu werden. Bei der geschichteten Zufallsauswahl wird die Grundgesamtheit in Untereinheiten geteilt und es werden dann Zufallsstichproben gezogen. Zu den nicht-zufallsgesteuerten Verfahren gehört die häufig praktizierte Quotenstichprobe, bei der bestimmte, für die Studie relevante Merkmale festgelegt werden (zum Beispiel Alter, Geschlecht, Ortsgröße etc.) und dann getreu der Verteilung dieser Merkmale in der Grundgesamtheit entsprechend viele Probanden bewusst ausgewählt werden.

Für die qualitative Forschung existieren im Prinzip die gleichen Hauptformen von Auswahlverfahren wie im quantitativen Bereich, allerdings ist man durch den wesentlich größeren Zeitaufwand, den die Datenerhebung erfordert, in Bezug auf die Größe der Stichprobe stark eingeschränkt. Zufallsstichproben sind hier zwar auch möglich, aber doch recht selten. Im Bereich der qualitativen Forschung ist das „purposive sampling" (auch „judgement sampling"), d.h. die gezielte oder zielgerichtete Auswahl, besonders häufig anzutreffen. Auch das „theoretical sampling" der Grounded Theory, das Forschungsteilnehmende nach dem Kriterium des minimalen und maximalen Kontrasts auswählt, ist eine Form des „purposive samplings". Mit diesem von Patton vorgeschlagenen Begriff bezeichnet man unterschiedliche Formen von zielgerichteter bewusster Auswahl. Grundlage sind die Eigenschaften des Falls, die man für die Forschung für besonders relevant hält: So kann man bewusst Extremfälle oder typische Fälle auswählen oder die Auswahl so treffen, dass man die maximale Variation eines bestimmten Merkmals abbildet (vgl. Flick, 2007: 165 ff.).

Generell gilt, dass die Wahrscheinlichkeitsauswahl typisch für die qualitative Forschung und purposive Sampling typisch für die qualitative Forschung sind. Dieses gilt auch für die qualitative und quantitative Teilstudie im Rahmen von Mixed-Methods-Forschung. Für das Paralleldesign bedeutet dies, dass in der Regel eine zufallsgesteuerte Auswahl einer hinreichend qroßen Zahl von Probanden für die quantitative Studie erfolgt und eine zielgerichtete bewusste Auswahl für die qualitative Studie. Beide Stichproben sollten aus der gleichen Grundgesamtheit stammen. In der Regel wird die qualitative Stichprobe kleiner sein. Man kann sie aus der größeren Stichprobe zufallsgesteuert ziehen oder qua purposive Sampling bilden.

Beim Verallgemeinerungsdesign, bei dem die qualitative Studie ja zuerst durchgeführt wird, ist zunächst purposive sampling angemessen. Die Ergebnisse fließen in die Konstruktion des quantitativen Instruments ein und man will wissen, ob sich die Resultate verallgemeinern lassen. Das bedeutet von vornherein, dass das Sample der quantitativen Studie größer sein muss als das der qualitativen Studie. In der Regel wird man eine zufallsgesteuerte

Auswahl bevorzugen. Ist diese nicht möglich, so kann auch eine Quotenauswahl adäquat sein. Dient die qualitative Studie der primär der Entwicklung des Instruments der quantitativen Studie, ist ebenfalls purposive Sampling angeraten. Bei einer Mixed-Methods-Studie zum Problem des studentischen Engagement in der universitären Selbstverwaltung, könnte man zunächst bewusst aktive Studierende (Mitglieder der Fachschaft, Mitglieder studentischer politischer Gruppen etc.) zur Teilnahme an Fokusgruppen einladen und mit diesen die Themen für den Fragebogen des Surveys diskutieren.

Beim Vertiefungsdesign, das mit einer quantitativen Studie beginnt, ist die Zufallsauswahl die Samplingstrategie der Wahl, unter Umständen auch eine Quotenauswahl. Aus den Resultaten der quantitativen Studie ergeben sich die Themen der qualitativen Studie z.B. die Leitfadenpunkte, die man bei einem offenen Interview mit den Forschungsteilnehmenden besprechen möchte. Die qualitative Stichprobe ist normalerweise kleiner als die Stichprobe des quantitativen Surveys. Man sollte diese unbedingt aus dem realisierten Sample der quantitativen Studie bilden. In der Regel wird man dies auch nach Kriterien der zielgerichteten Auswahl tun. Man kann beispielsweise in Bezug auf ein bestimmtes Merkmal (etwa der Wert bei der Skala Umweltbewusstsein) die Gruppe der oberen und der unteren 10% bilden und daraus jeweils eine gewisse Anzahl Forschungsteilnehmende auswählen. Bei der Evaluation eines Moduls in einem BA-Studiengang könnte man aufgrund der Noten in der modulabschließenden Klausur drei Gruppen bilden: obere 10%, mittlere 20% und untere 10% und aus diesen Gruppen dann zufällig jeweils eine bestimmte Anzahl auswählen. Bei diesen beiden Beispielen kann man die qualitative Stichprobe natürlich erst dann bilden, wenn die quantitative Studie durchgeführt und so weit ausgewertet wurde, dass die entsprechenden Variablenwerte (Skalenwert Umweltbewusstsein bzw. Modulnote) zur Verfügung stehen.

Generell gilt, dass die Frage des Samplings immer sehr eng mit der Forschungsfrage und dem angestrebten Grad an Verallgemeinerung verbunden sein sollte. Als anzustrebenden Standard sollte man immer die Zufallsauswahl (quantitative Studie) und purposive Sampling (qualitative Studie) im Kopf haben. Willkürliche Auswahl sollte man tunlichst vermeiden. Da häufig für beide Teilstudien auf die gleichen Forschungsteilnehmenden bzw. eine

Teilgruppe derselben zurückgegriffen wird, sollte man unbedingt das forschungsethische Prinzip der informierten Einwilligung (Hopf, 2005) beachten.

Das Transferdesign

Das vierte Mixed-Methods-Design, das hier vorgestellt werden soll, ist dadurch charakterisiert, dass der eine Datentyp in den anderen überführt wird und die eigentliche integrative Analyse dann nur mit diesem einen Datentyp durchgeführt wird. Dieser Designtyp lässt sich als *Transferdesign* bezeichnen. Hierbei lassen sich zwei Varianten unterscheiden, die als Quantifizierung („quantitizing") und Qualifizierung („qualitizing") bezeichnet werden.

Quantifizierung qualitativer Daten

Die Quantifizierung von qualitativen Daten ist in der Forschungspraxis wesentlich häufiger anzutreffen als die Qualifizierung von quantitativen Daten. Man verfährt hierbei so, dass die Resultate der qualitativen Auswertung in Zahlen umgewandelt werden. Bei einer an der qualitativen Inhaltsanalyse orientierten Auswertung lässt sich bspw. zählen, wie häufig ein Code, d.h. eine bestimmte Kategorie, codiert wurde oder auch bei wie vielen Personen des Samples bestimmte Kategorien oder Kategorienkombinationen auftreten (Kuckartz 1995, 2014; Collins et al., 2008; Fakis et al., 2014; Mayring 2010). Diese Transformation in quantitative Angaben geschieht in der qualitativen Analyse relativ häufig und passiert mehr oder weniger unbemerkt. Die Forschenden argumentieren quasi-statistisch: Sie konstatieren, dass dieses oder jenes Phänomen besonders häufig (oder auch selten) vorkommt und erklären manche festgestellten Muster für *typisch* oder manche Personen für *Sonderfälle* bzw. *Extremfälle.* Menschen machen sich offenbar in ihrem Alltag ständig ein Bild von Verteilungen von Phänomenen und Dingen in ihrer Umgebung und nehmen Typisierungen vor.[12]

---

12 In seiner phänomenologischen Soziologie hat sich Alfred Schütz ausführlich mit solchen Typisierungen befasst (siehe Endreß & Schnettler, (2006).

Zur Quantifizierung qualitativer Daten gehört auch das Auszählen von Worthäufigkeiten, um so vielleicht zu begründen, dass bestimmte Vokabularien in bestimmten sozialen Milieus typisch oder untypisch sind.

Qualifizierung quantitativer Daten

Der Begriff Qualifizierung („qualitizing") bezeichnet den Vorgang der Transformation von quantitativen Daten in Kategorien oder in ein verbales Statement, d.h. in qualitative Daten. Dieser Vorgang der „Übersetzung" beginnt im Grunde bereits mit einfachen Formen der Qualifizierung wie der Bildung von Kategorien bei einer metrischen Variable. Hat man bspw. Informationen über den Workload von Studierenden erfragt und zahlenmäßige Angaben über die Stunden pro Woche erhalten, so lassen sich zum Beispiel drei Kategorien bilden:

(1) „geringer Workload" → 0 bis 19,9 Stunden pro Woche

(2) „mittlerer Workload" → 20 bis 29,9 Stunden pro Woche

(3) „hoher Workload" → 30 und mehr Stunden pro Woche

Aus den ursprünglichen Zahlenangaben der Befragten wird nun eine verbale Angabe, ein qualitatives Merkmal – eine bestimmte Person der Stichprobe besitzt nun das Merkmal „hoher Workload". Generell erscheint das Qualitizing, d.h. das „Qualifizieren" quantitativer Daten, schwieriger als der umgekehrte Weg. Ein solcher Transfer funktioniert ohnehin nur bis zu einem bestimmten Grad, denn die Vielfalt, der Reichtum und auch die Uneindeutigkeit bzw. Ambiguität, die verbale Daten besitzen, lassen sich nicht aus standardisierten Daten erzeugen. Ein offenes Interview über Fragen des sozialen Engagements lässt sich nicht aus standardisierten Antworten zum gleichen Themenbereich „rekonstruieren". Dennoch lassen sich die atomisierten Einzelantworten eines geschlossenen Fragebogens – unter Umständen zusammen mit den Antworten auf offene Fragen des gleichen Fragebogens – auch in einen kohärenten narrativen Text integrieren. Hier wird gewissermaßen der Einzelfall aus verschiedenen Puzzlestücken zusammengesetzt. Das Bild ist zwar nicht so vielschichtig und detailliert wie das Bild aufgrund eines qualitativen Erhebungsverfahrens, aber doch ganzheitlicher und fallorientierter als die Zahlen in einer Zeile einer SPSS-Datenmatrix.

Das Qualitizing findet, wie oben dargestellt, bereits dann statt, wenn metrische Daten zu Kategorien zusammengefasst werden. Sogar das simple Umschalten der Anzeige zu „Wertelabels" in der SPSS-Datenansicht, ist im Grunde bereits eine einfache Form von Qualitizing, denn nun erscheinen die Ausprägungen der Variablen nicht mehr als Zahlen, sondern als Worte, die sich in Sätze fassen lassen, durch welche die befragte Person charakterisiert werden kann.

Beispiel für ein Transfer-Design (Quantifizierung)

Fölling-Albers, M. & Meidenbauer, K. (2010). Was erinnern Schüler/innen vom Unterricht? *Zeitschrift für Pädagogik*, 56 (2): 229-248.

Die Autorinnen untersuchen in dieser Studie, an welche Aspekte des Unterrichts sich Schüler_innen noch am Abend desselben Schultages erinnern. Hierzu werden 30 Schüler und Schülerinnen der dritten und vierten Klasse zu drei Messzeitpunkten mittels Leitfadeninterviews befragt. Die Interviews fanden jeweils über die Dauer einer Woche an jedem Abend eines Schultages statt, sodass insgesamt 420 Interviews vorliegen. Die Interviews sind so angelegt, dass die Schüler_innen erst frei von den einzelnen Unterrichtsstunden berichten. Wenn der Erzählfluss stoppt und ihnen nichts mehr dazu einfällt, werden bis zu drei Hinweise durch die Interviewenden gegeben, die die Erinnerung anregen sollen.

In Bezug auf die Aspekte des Unterrichts, an die sich die Schüler_innen erinnern, werden vier Aspekte differenziert: inhaltliche (bspw. Aussagen zu Lerninhalten), formale (bspw. zum Ablauf der Stunde oder Hefteinträge), funktionale (bspw. Tests oder Noten) und soziale Aspekte (bspw. die Bezugnahme auf Mitschüler_innen). Diese Aspekte fanden auch Eingang in das Kategoriensystem. Zum anderen wird in der Studie untersucht, ob sich verschiedene Schülergruppen – Jungen und Mädchen, leistungsstarke und -schwache Schüler_innen u.a. – hinsichtlich der Aspekte, die sie vom Unterricht erinnern, unterscheiden.

Die der Transkription folgende Auswertung der Interviews mit einer QDA-Software ermöglicht neben der inhaltsanalytischen Auswertung anhand des Kategoriensystems auch eine Quantifizierung der Daten. So erfolgt die Ergebnisdarstellung sowohl auf Grundlage von zusammenfassenden Beschreibungen und Zitaten aus den Interviews als auch mithilfe von quantitativ deskriptiven Darstellungen. Letztere ermöglichen insbesondere die interessierenden Unterschiede bzgl. der erinnerten Aspekte zwischen verschiedenen Schülergruppen herauszuarbeiten.

Die Studie basiert allein auf einer qualitativen Datengrundlage, die sowohl qualitativ als auch, nach einer Transformation der qualitativen Daten, quantitativ ausgewertet wird. Die Priorität besitzen also die quantitativen Methoden, die Integration erfolgt bereits in der Phase der Analyse.

Beim Transferdesign ist die Frage, welchem Strang des Designs die Priorität eingeräumt wird, quasi a-priori durch die Richtung der Transformation schon weitgehend vorentschieden, d.h. beim Qualitizing wird mehr oder weniger automatisch den qualitativen Methoden die Priorität eingeräumt und beim Quantitizing den quantitativen Methoden. Der jeweils andere Datentyp wird dann vornehmlich zur Illustration oder als Hintergrundfolie benutzt.

Komplexe Designformen

Bisher haben wir es in diesem Kapitel mit vier relativ einfachen und übersichtlichen Designformen zu tun gehabt, die allerdings bereits dann komplexer würden, wenn man in den beiden Strängen nicht nur eine, sondern mehrere Erhebungsmethoden einsetzen würde, wenn also der qualitative Strang nicht nur aus Leitfadeninterviews, sondern zusätzlich auch aus Fokusgruppen oder Beobachtungen bestehen würde. Um die ohnehin vielleicht etwas verwirrende Vielfalt der Mixed-Methods-Designs nicht weiter zu verkomplizieren, wird die Möglichkeit zur multimethodischen Gestaltung der Forschungsstränge hier nicht weiter ausgeführt. Selbstverständlich erlauben aber alle oben geschilderten Designformen, dass in den jeweiligen Strängen mehrere Verfahren der Datenerhebung des gleichen Methodentyps zum Einsatz kommen.

Es gibt zahlreiche Mixed-Methods-Designs, die vielfältiger und komplexer als die oben beschriebenen vier einfachen Designformen sind. Ich fasse all die vielen denkbaren Designs unter dem Begriff „Komplexe Designformen“ zusammen. Dahinter verbirgt sich eine große Vielfalt von Designs, von denen einige im Folgenden näher beschrieben werden.

Drei-Phasen-Designs

Komplexe Designformen beginnen bereits bei einfachen dreistufigen Designs, die quasi durch Verkettung von zwei Zwei-Phasen-Designs entstehen. Das Design

qual → QUANT → qual

kann etwa so zustande kommen, dass in einem neuen Forschungsfeld zunächst eine qualitative Vorstudie mit dem Zweck der Exploration durchgeführt wird. Sie dient der Vorbereitung der Hauptuntersuchung, der Erstellung des Instruments und teilweise auch der Präzisierung der Fragestellung. Diese Form des Designs ist im Rahmen quantitativer Forschung durchaus gängig. Die Prioritäten sind klar verteilt, das eigentliche Ziel ist es, die quantitative Forschung mit möglichst gutem Instrumentarium durchzuführen. Im Anschluss an den möglichst repräsentativen quantitativen Survey mit großer Stichprobe wird zum besseren Verständnis der Resultate erneut eine qualitative Studie durchgeführt, in der bspw. Probanden im Rahmen von Fokusgruppen über die Ergebnisse des Surveys diskutieren.

Eine quasi reziproke Version dieses Drei-Phasen-Design mit qualitativem anstelle des quantitativen Schwerpunkts ist das folgende:

quant → QUAL → quant

Hier wird zunächst eine quantitative Fragebogenerhebung durchgeführt, an die sich eine vertiefende qualitative Studie anschließt, deren Ergebnisse wiederum Eingang in einen erweiterten und verbesserten Fragebogen für die Folgeerhebung finden.

Beispiel für ein komplexes Design (QUANT → QUAL → QUANT)

Hofmann, B. et al. (2012). Wirkung und Wirkmechanismen zusätzlicher Vermittlungsfachkräfte auf die Arbeitslosigkeitsdauer – Analysen auf Basis eines Modellprojektes. *Zeitschrift für Evaluation*, 11 (1): 7-38.

Anhand des bundesweiten Modellprojektes „Kunden aktivieren und Integrationsleistung verbessern", das von 2007 bis 2010 in 14 Agenturen für Arbeit implementiert wurde, untersuchen Hofmann et al. die Wirkung zusätzlicher Vermittlungsfachkräfte auf die Arbeitslosigkeitsdauer sowie die dahinterstehenden Wirkmechanismen. In diesem Rahmen werden drei zentrale Forschungsfragen bearbeitet. Im ersten Schritt wird der Frage nachgegangen, ob zusätzliche Vermittlerfachkräfte einen kausalen Effekt auf die Arbeitslosigkeitsdauer haben. Hierzu wird eine lineare Regressionsanalyse anhand vorliegender statistischer Daten durchgeführt, bei der die Modelldienststellen mit je bis zu drei sogenannten (statistischen) Zwillingsdienststellen, die als Kontrollgruppe dienen, verglichen werden. Die Ergebnisse zeigen einen signifikant positiven Effekt der erhöhten Vermittler_innenzahl auf die Arbeitslosigkeitsdauer.

In einem zweiten Schritt werden leitfadengestützte Experteninterviews mit Vermittler_Innen sowie Führungspersonen aller Modelldienststellen geführt. Diese qualitativen Daten dienen der Beantwortung der zweiten Forschungsfrage: Auf welche Veränderungen in der Organisation der Arbeitsvermittlung können die Effekte zurückgeführt werden?

Damit sollen die unterschiedlichen Wirkmechanismen hinter dem Effekt der zusätzlichen Vermittler_Innen aufgedeckt werden. Eine Analyse des qualitativen Materials ergibt drei Typen – Arbeitsuchendenorientierung, Arbeitgeberorientierung und Orientierung auf Prozessoptimierung – hinsichtlich der Nutzung der zusätzlichen Vermittlungskapazität, welche anschließend zur Beantwortung der dritten Forschungsfrage herangezogen werden. In diesem dritten Schritt wird gefragt, ob die Nutzungsart der zusätzlichen Vermittlerkapazitäten einen Effekt auf die Arbeitslosigkeitsdauer hat. Die aus dem qualitativen Material gebildeten Typen werden hierfür in statistische Variablen transferiert und fließen so in die quantitativen Daten mit ein.

Bei diesem komplexen Design, das beiden Methoden gleiche Priorität einräumt, findet die Integration der quantitativen und qualitativen Forschungsstränge bereits im dritten Analyseschritt statt. So werden die Ergebnisse der qualitativen Analysen quantifiziert und für weitere quantitative Analysen eingesetzt. Prozessuale Aspekte finden somit Eingang in die statistischen Analysen und erlauben den Autor_innen, ein differenzierteres Bild der Sachlage zu zeichnen und ein tieferes Verständnis für die Wirkung und Wirkmechanismen zusätzlicher Vermittlungsfachkräfte auf die Arbeitslosigkeitsdauer zu schaffen. Die ersten beiden Studien sind von der Logik her parallel angelegt. Die qualitative und die abschließende quantitative Studie sind sequenziell, d.h. eine Typenbildung aufgrund der quantitativen Studie fließt in die qualitative Analyse ein.

Eingebettetes Design

In der englischsprachigen Mixed-Methods-Literatur findet man häufig den Begriff des „embedded design" oder „nested designs" für solche Untersuchungsanlagen, in denen eine Form des Designs klar dominiert, wie dies etwa bei der in der medizinischen und Public-Health-Forschung als Gold-Standard geltenden randomisierten, kontrollierten Studie („randomized controlled trial") der Fall ist. In einen gegebenen Studienrahmen wird eine kleine Studie des anderen Methodentyps eingepasst, also etwa eine qualitative Studie mit offenen Interviews in ein RCT, um so zusätzliche Aspekte abdecken zu können und auch die Wahrnehmungen und Erfahrungen der betroffenen Patienten einzubeziehen und so ggf. die Intervention verändern zu können. Solche Formen des eingebetteten Designs sehen dann fast immer so aus, dass innerhalb einer quantitativen Studie eine qualitative Studie stattfindet, deren Ergebnisse in den Forschungsbericht über die quantitative Studie eingehen. Ähnliches ist auch reziprok denkbar, nämlich dass die generelle Perspektive des Projekts qualitativer Natur ist und eine quantitative Teilstudie eingeflochten wird. Faktisch ist aber in der Praxis hauptsächlich der erste Typ anzutreffen, und zwar tatsächlich sehr häufig im Rahmen von RCTs. Manche Autoren wie Nagy Hesse-Biber kritisieren an diesem Design, dass die qualitativen Methoden nur eine marginale Rolle einnehmen würden (Nagy Hesse-Biber, 2010: 14).

Designs mit Integration in mehreren Phasen

Abschließend soll unter den komplexen Designformen auch noch ein Design vorgestellt werden, in welchem das Mixing systematisch in jeder Phase des Projektes stattfindet. Von Tashakkori und Teddlie stammt hierfür die Bezeichnung „fully integrated mixed model design".

Abb. 7: Beispiel für ein Design mit Integration in mehreren Phasen

Konzeption der Mixed-Methods-Studie

Qualitative Forschungsfragen

Quantitative Forschungsfragen

Erhebung qualitativer Daten

Erhebung quantitativer Daten

Analyse qualitativer Daten

Analyse quantitativer Daten

Bewertung und Interpretation

Bewertung und Interpretation

Meta-Inferenzen – Abschließender Bericht

Wie weiter oben dargestellt, bezieht sich der Begriff „model" hier auf die beiden Methodenbereiche qualitativ und quantitativ. Das Mixing von qualitativem und quantitativem Ansatz geschieht hier auf eine dynamische und interaktive Weise: Zwischen den beiden Ansätze wird quasi hin und her geschaltet, sodass beide Methodenstränge in vielfacher Weise miteinander verzahnt sind und nicht erst beim letzten Punkt, den Meta-Inferenzen, integriert werden. Das heißt bspw. auch, dass schon bei der Formulierung der Forschungsfrage die Art und Weise wie qualitative Forschungsfragen formuliert werden die Formulierung von Fragen im standardisierten Fragebogen beeinflussen (und umgekehrt). Wichtig ist, dass das Mixing überall, d.h. in jeder Phase des Forschungsprozesses, stattfinden kann. In Abb. 7 sind qualitativer und quantitativer Forschungsstrang nebeneinander abgebildet. Das bedeutet nicht, dass dieses Design ein paralleles Design wäre, denn hier sieht man bspw., dass die Ergebnisse der qualitativen der qualitativen Studie in die Konzeption der quantitativen Erhebung einfließen; auch gibt es eine enge Verbindung beider Stränge während der Datenanalyse.

Mixed-Methods-Design in der Evaluation

Evaluationsdesigns sind häufig komplexen Typs, jedenfalls dann, wenn sie die Wirkungen eines Programms oder einer Interventionsmaßnahme möglichst genau ermitteln wollen, wozu meistens ein Pre-Post-Design erforderlich ist. Wer Wirkungen und Veränderungen untersuchen will, kommt nicht umhin, eine Baseline, einen Ausgangszustand zu ermitteln, bevor die zu evaluierende Interventionsmaßnahme stattfindet. Wirkungsuntersuchungen lassen sich in der Regel nicht mit einer einzigen Erhebung (Querschnittsdesign) durchführen, sie verlangen nach mehreren Messzeitpunkten, d.h. einem längsschnittlichen Design mit mindestens zwei Erhebungen. In diesen von vornherein komplexeren Rahmen müssen dann die in diesem Kapitel besprochenen Designformen eingepasst werden. So entsteht dann etwa das Pre-Post-Paralleldesign, bei dem zu Beginn und am Ende einer Maßnahme gleichzeitig qualitative und quantitative Daten erhoben werden. Analoges gilt für die sequenziellen Designformen und das Transferdesign. Im Bereich der Evaluation sind Mixed-Methods-Designs schon seit Längerem zum Regelfall geworden: Das notwendige Einbeziehen der verschiedenen Stakeholder und die meist vielfältigen Aspekte des zu evaluierenden Programms legen ein solches Design häufig nahe. So ist es gewiss auch kein

Zufall, dass der viel zitierte Beitrag von Greene et al. (1989), in dem erstmals verschiedene Arten der Aufgaben von Mixed-Methods-Designs identifiziert und schließlich fünf Typen unterschieden werden, auf einem Sample von Mixed-Methods-Studien im Bereich der Evaluation beruhte. Dort existierten in den USA bereits Ende der 1980er-Jahre viele Studien dieser Art, sodass das Sammeln einschlägiger Studien leichter fiel als in anderen Bereichen angewandter Forschung.

Schlussfolgerungen

Die amerikanische Diskussion um Mixed-Methods-Designs zeichnet sich dadurch aus, dass zahlreiche Systematisierungen von Designs entwickelt wurden. Man mag sich fragen, ob solche detaillierten Differenzierungen und Systematisierungen eigentlich notwendig sind oder ob nicht stattdessen eine Einigung auf grundlegende Designformen und vor allem auf einheitliche Bezeichnungen angeraten wäre. Die verschiedenen Klassifikationen und Systematisierungen sind aber vor dem Hintergrund von mehr als zwei Jahrzehnten Diskussionsprozess in der Mixed-Methods-Community zu sehen. Sie dokumentieren diesen Diskussions- und Entwicklungsprozess und stellen quasi Entwicklungsstufen auf dem Weg zu einem reiferen Stand der Mixed-Methods-Designs dar. Zwischenzeitlich ist vielleicht manchmal des Guten zu viel getan worden und man hat immer neue Designformen unterschieden und weitere Systematisierungen von Designformen gebildet, ohne dass der Vorteil für die Praxis so recht erkennbar war.

Prinzipiell ist der Versuch, eine Terminologie zu entwickeln aber durchaus positiv zu bewerten, weil so eine Verständigungsbasis zwischen den Forscher_innen bzw. Evaluator_innen geschaffen wird, die Mixed-Methods-Ansätze verfolgen. Man benötigt weniger Zeit um zu erläutern, wie man seine Mixed-Methods-Studie angelegt hat, und es reicht vielleicht aus, darauf hinzuweisen, dass man ein Vertiefungsdesign eingesetzt hat. So weiß die interessierte Scientific Community sofort, dass es sich bei dem Projekt um ein Zwei-Phasen-Design handelt, bei dem mit dem quantitative Strang begonnen wurde und dessen Ergebnisse mittels einer qualitativen Studie vertieft wurden.

So positiv also eine solche Taxonomie von Designformen prinzipiell auch ist, so sehr kann bei den komplexeren Designformen die Lage unübersichtlich werden. Der Einbezug von immer mehr Faktoren zur Verortung von Designs führt zu Verwirrung und Unübersichtlichkeit. Es ergibt sich dann eine ähnliche Problematik wie bei einer Kreuztabellenanalyse, wenn dort mit der Zahl der Merkmalsausprägungen die Zahl der Tabellenzellen schier unüberschaubar wird. Gleiches gilt für die Designformen und immer mehr einzubeziehende Kriterien: Dies führt zu einem exorbitanten Anwachsen der Kombinationsmöglichkeiten und irgendwann wird dann der Punkt erreicht, an dem die Unterscheidung von Designs bzw. die Systematisierung von Designs keine ordnende Funktion mehr hat, sondern eher Unordnung erzeugt.

Zu Recht fordern Johnson, Onwuegbuzie & Turner (2007) die Forschenden auf, sich nicht von den Designformen einengen zu lassen, sondern das Forschungsdesign selbstständig aus der Logik der Forschungsfrage zu entwickeln. Bei der Beschreibung des Mixed-Methods-Designs der eigenen Studie sollte man allerdings immer die oben beschriebenen Kriterien (Implementation, Priorität, Phase der Integration und Rolle der Theorie) transparent darlegen.

Empfehlungen aus diesem Kapitel

Bevor Sie sich konkret für ein Mixed-Methods-Design entscheiden, sollten Sie überlegen, wie viel Zeit und welche Ressourcen für das Forschungsprojekt zur Verfügung stehen. Sind die Ressourcen eher knapp, sollte man einfache Designformen bevorzugen. Das gilt erst recht, wenn Sie bislang keine oder nur wenig Erfahrung mit Mixed-Methods-Forschung haben. Die folgenden Fragen sollen Sie dabei unterstützen, das angemessene Design auszuwählen und zu präzisieren:

- Vergegenwärtigen Sie sich, welche Art von Studie im Sinne der Unterscheidung von vier Studientypen durch Diekmann (2007) Sie durchführen wollen?

- Greifen Sie auf eine Hintergrundtheorie zurück, die das gesamte Projekt anleitet? Falls ja, legen Sie dar, wie diese Hintergrundtheorie die Konzeption des Projektes beeinflusst.
- Denken Sie an die fünf Motive für die Wahl eines Mixed-Methods-Designs, die von Greene, Caracelli & Graham (1989 bzw. 2008) unterschieden werden. Werden Sie sich darüber im Klaren, welche Motive für Ihre Mixed-Methods-Forschung am ehesten zutreffen.
- Welche Gründe sprechen für ein paralleles, sequenzielles, transformatives oder komplexes Design?
- Falls Sie sich für ein sequenzielles Design entscheiden: In welcher Form sollen die Ergebnisse der ersten Teilstudie in die Gestaltung der zweiten Teilstudie eingebracht werden?
- Mixed-Methods Forschung stellt höhere Anforderungen an die Kompetenzen der Forschenden als monomethodische Forschung. Prüfen Sie sich, ob Sie die notwendigen Kompetenzen, auch und gerade hinsichtlich der Analysekompetenzen, besitzen. Falls nicht, eignen Sie sich diese möglichst bald durch entsprechende Fortbildungen und Workshops an.

Weiterführende Literatur

Creswell, J. W. (2014). *A concise introduction to mixed methods research*. Thousand Oaks, CA: Sage. (Insbesondere Kapitel 4)

Creswell, J. W. & Plano Clark, V. L. (2011). *Designing and conducting mixed methods research* (2nd ed.). Thousand Oaks, CA: Sage. (Kapitel 3 und 4)

Greene, J. C., Caracelli, V. J., & Graham, W. F. (1989). Toward a conceptual framework for mixed method evaluation designs. *Educational Evaluation and Policy Analysis*, 11(3), 255-274.

Morgan, D. (2014). *Integrating qualitative and quantitative methods: A pragmatic approach.* Thousand Oaks, CA: Sage. (insbes. Part 2: Kapitel 6 bis 9).

Morse, J. M. (1991). Approaches to qualitative-quantitative methodological triangulation. *Nursing Research*, 40, 120–123.

Nagy Hesse-Biber, S. (2010). *Mixed methods research: Mixing theory with practice*. New York: Guilford Press. (Kapitel 3).

Teddlie, C., & Tashakkori, A., (2009). *Foundations of mixed methods research*. Thousand Oaks, CA: Sage. (Kapitel 7).

Kapitel 3
Mixed-Methods-Datenanalyse

Themen dieses Kapitels

- Generelles zum Mixing und zur Integration von QUAL und QUANT
- Der Analyseprozess bei quantitativen Daten
- Der Analyseprozess bei qualitativen Daten
- Mixing und integrative Analysen
- Basisfunktionen von QDA-Software zur Analyse von Mixed-Methods-Daten

Generelles zum Mixing und zur Integration

In der bisherigen Literatur zu Mixed-Methods ist dem Themenbereich *Datenanalyse* im Vergleich zu Fragen des Designs nur relativ wenig Aufmerksamkeit geschenkt worden. Zu den relativ wenigen Wissenschaftler_innen, die sich bereits seit Langem mit dem Thema Mixed-Methods-Datenanalyse beschäftigen, gehören die australische Psychologin Pat Bazeley (Bazeley, 2009 und 2013) und der amerikanische Bildungsforscher Tony Onwuegbuzie (Onwuegbuzie & Teddlie, 2003; Onwuegbuzie & Dickinson 2008; Onwuegbuzie et al., 2008). Bazeley merkt an, dass sich in diesem Feld von codifizierten Analyseformen der Reifegrad von Mixed-Methods-Ansätzen erweisen muss. Im Anschluss an Miles und Huberman und ihr seinerzeit bahnbrechendes Buch „Qualitative data analysis: An expanded sourcebook" (1994)[13] kann man sich den Prozess der Datenanalyse aus drei Komponenten zusammengesetzt vorstellen, nämlich aus

- Datenreduktion („data reduction"),

13 2014 erstellte Johnny Saldana eine überarbeitete Neuauflage dieses Buchs: Miles, M. B., Huberman, A. M. & Saldana, J. (2014). *Qualitative data analysis. A methods sourcebook* (3rd ed.). Thousand Oaks, CA: Sage.

- Datendarstellung („data display") und
- Schlussfolgerungen ziehen („verifying").

Dabei handelt es sich insgesamt betrachtet um einen zyklischen Prozess, der mehrere Iterationzyklen durchläuft. Bezogen auf einen Mixed-Methods-Ansatz haben wir es dann nicht nur mit einer Verdopplung dieses Zyklus zu tun, also dem Durchlaufen dieses Dreischritts für den qualitativen und den quantitativen Strang, sondern zudem stellt sich die Frage nach der Integration und der Relation der Ergebnisse, also der Interferenz der Schlussfolgerungen aus beiden Methodensträngen. Die Situation bei der Mixed-Methods-Analyse lässt sich mit der Situation vergleichen, die sich beim Übergang von der ein- zur zweifaktoriellen Varianzanalyse ergibt. Die zweifaktorielle Varianzanalyse stellt nicht nur einfach eine Erweiterung in dem Sinne dar, dass ein zweiter Faktor hinzukommt, sondern – und das ist der eigentliche Zugewinn gegenüber zwei getrennten einfaktoriellen Analysen – man erhält auch Informationen über die *Interaktion* der beiden Faktoren. Ähnliches gilt ja auch bereits im Alltagsleben: Der Unterschied zwischen einem Kind oder zwei Kindern in der Familie bedeutet ja nicht einfach eine Verdopplung der Kinderzahl, sondern es kommt eine Interaktion zwischen den Kindern hinzu, die sich manchmal als alles andere als einfach herausstellt.

Wie geht man nun konkret bei der Datenanalyse in einem Mixed-Methods-Projekt vor? Die Antwort lautet: zunächst in der üblichen Weise. Bei der Auswertung der quantitativen Daten beginnt man mit den bewährten Verfahren der Deskriptivstatistik, gefolgt von der Aggregation der Daten, von Skalenbildung und statistischen Zusammenhangsanalyen unterschiedlichen Typs. Diese Zusammenhangsanalysen reichen – je nach Datenqualität – von der einfachen Kreuztabelle kategorialer Daten bis hin zu komplexeren Analyseformen wie bspw. der Regressionsanalyse, der Varianzanalyse oder der Clusteranalyse. Im folgenden Abschnitt wird der Gang dieser „Normalanalyse" in seinen Grundzügen dargestellt. In den zahlreich zu findenden sozialwissenschaftlichen Statistiklehrbüchern[14] findet man

---

14 Zu den grundlegenden statistischen Verfahren siehe Kuckartz, Rädiker, Ebert & Schehl (2013) und Diaz-Bone (2013); zu den komplexen Verfahren Bortz & Schuster (2010).

ausführliche Hinweise zu angemessenen Verfahren, auch was die komplexeren Formen von statistischen Zusammenhangsanalysen betrifft.

Für die Analyse der qualitativen Daten greift man ebenfalls auf bewährte Auswertungsverfahren zurück. Die Methoden der qualitativen Datenanalyse sind allerdings bunter und vielfältiger und werden in der Scientific Community kontroverser diskutiert als dies bei den quantitativ-statistischen Verfahren der Fall ist. Möglicherweise wird man Analyseformen der Grounded Theory nutzen oder ein Verfahren aus dem Bereich der qualitativen Inhaltsanalyse einsetzen wie etwa die inhaltlich strukturierende Inhaltsanalyse (Kuckartz 2014: 77 ff.; Mayring 2010), deren grundlegender Ablauf im dritten Abschnitt dieses Kapitels behandelt wird.

Zu der jeweils separaten Analyse des qualitativen und quantitativen Studienstrangs kommt noch ein weiterer Analyseabschnitt hinzu, nämlich das Mixing, die Integration, wodurch die beiden Analysestränge und Ergebnistypen miteinander verbunden werden. Die Meta-Inferenzen, also die vergleichende Betrachtung der Schlussfolgerungen (Inferenzen) beider Stränge, stellen ja wie gesagt den entscheidenden Gewinn einer Mixed-Methods-Studie dar, welche eben nicht nur gesonderte Methodenstränge beinhaltet, die getrennt voneinander ausgewertet werden, sondern gezielt aufeinander bezogen werden.

In puncto Mixed-Methods-Analyse sind zwei prinzipielle Varianten von Mixing zu unterscheiden; Zum einen, dass man es mit zwei verschiedenen Analysesträngen zu tun hat, also bspw. eines der in Kapitel 2 beschriebenen Designs verwendet hat. Zum zweiten, dass man sowohl quantitative als auch qualitative Methoden bei der Auswertung des *gleichen* Datentyps anwendet, d.h., man möchte bspw. die verbalen Daten eines Interviews sowohl mit der qualitativen als auch mit der quantitativen Inhaltsanalyse auswerten und die Resultate beider Methoden aufeinander beziehen. Diese Form der Mixed-Methods-Forschung, bei der man Analysemethoden beider Methodentypen auf das gleiche Datenmaterial anwendet, wurde vor nicht allzu langer Zeit noch als Mixed-Model-Analyse bezeichnet (Tashakkori & Teddlie 1998). Dabei unterschieden die Autoren zwischen sog. Monostrand- und Multistranddesigns, also zwischen Studien, in denen es nur einen einzigen Studienstrang (also entweder QUAL oder QUANT) oder mehrere Stränge (also QUAL und QUANT) gibt. Der Begriff Mixed-Model-Analyse wird allerdings mittlerweile nur noch selten benutzt. Bei einer erweiterten Definition von Mixed-Methods, wie sie bspw. von Tashakkori und Teddlie vertreten wird, handelt es sich auch bei einem Monostrand-Design des Mixed-Model-Typs um eine Form von Mixed-Methods-Design. Bei einer engeren Definition von Mixed-Methods-Forschung, wie etwa derjenigen von Creswell und Plano Clark, ist das Vorhandensein von zwei Strängen der Datenerhebung, also von qualitativer und quantitativer Erhebung, „conditio sine qua non", d.h. eine zwingend erforderliche Bedingung, um von einer Mixed-Methods-Forschung reden zu können. Die Veröffentlichungspraxis des Journal of Mixed Methods Research sieht aber seit einiger Zeit so aus, dass auch Monostrand-Studien, bei denen qualitative und gleichzeitig quantitative Methoden bei der Analyse zum Einsatz kommen, als Mixed-Methods-Studien bezeichnet werden. Diese Position der Nicht-Ausgrenzung solcher Studien aus dem Bereich Mixed-Methods scheint mir plausibel und ich schließe mich ihr im Folgenden an. Sie scheint mir auch deshalb gerechtfertigt, weil eines der am häufigsten praktizierten Forschungsdesigns so aussieht, dass im Rahmen einer Befragung sowohl offene wie geschlossene Fragen gestellt werden und die Forscher_innen dies auch bewusst als Kombination von QUAL und QUANT begreifen und als Mixed-Methods-Design bezeichnen. Hier werden zwar zwei Datenarten erhoben; es findet aber nur eine einzige Datenerhebung statt, sodass man streng genommen nicht von zwei Teilstudien sprechen kann. Es handelt sich aber zweifelsohne um eine Kombination von qualitativen und quantitativen Daten.

Einige Möglichkeiten der Datenauswertung bei „Mixed-Model-Analyse" des gleichen Datenmaterials werden in Kapitel 4 behandelt. Bei Mehr-Strang-Studien hängt es primär von der Designform ab, in welcher Weise sich die Integration der Daten bzw. der Ergebnisse vollziehen lässt. Das folgende Diagramm verdeutlicht noch einmal die Situation in einem klassischen parallelen Design. Die beiden Stränge laufen unabhängig nebeneinander her, was auch für die praktische technische Durchführung gelten kann, aber natürlich sind beide Stränge schon zu Beginn des Projekts durch die Forschungsfrage miteinander verklammert. Typisches Beispiel hierfür ist die in Kapitel 2 dargestellte Shell-Jugendstudie, bei der zu Beginn des Projektes thematische Schwerpunkte festgelegt werden, die von besonderem Interesse sind. Auf dieser Grundlage werden ein entsprechender Fragebogen für den Survey und ein Leitfaden für die offenen Interviews konstruiert. Anschließend trennen sich die Wege und es werden beide Studien getrennt durchgeführt: Die Daten werden gesammelt, aufbereitet bzw. transkribiert, überprüft, bereinigt und analysiert. Im Prinzip lassen sich also zwei getrennte Forschungsberichte anfertigen und die Resultate jeder Studie zunächst unabhängig von den Ergebnissen der anderen Studie zu Papier bringen. Es ist allerdings wichtig, zwischen den Ebenen der Daten, der Analyse und den Ergebnissen bzw. Schlussfolgerungen zu unterscheiden. In der Abbildung 8 findet der Akt des Mixing nur in der Endphase des Projekts statt. Die Situation in einem solchen parallelen Design stellt sich also recht unkompliziert dar: Das Mixing geschieht erst auf der Basis der Forschungsberichte im Anschluss an die auf die übliche vertraute Art durchgeführte Auswertung der quantitativen und qualitativen Daten. Bei parallelen Designs, die als Triangulationsstudie konzipiert sind, ist die Unabhängigkeit der beiden Studienstränge natürlich verpflichtend. Nur wenn die beiden Studien unabhängig voneinander durchgeführt werden, kann valide geprüft werden, ob die Ergebnisse der Studie B diejenigen der Studie A bestätigen oder nicht. Jedes Mixing zwischendurch wäre in Bezug auf dieses Ziel kontraproduktiv. Bei Paralleldesigns, die eher auf Komplementarität abzielen, können die Stränge auch schon während der Analyse aufeinander bezogen werden. Wenn man bspw. im qualitativen Strang auf einen neuen, bisher unvermuteten Zusammenhang stößt, kann dies auch eine entsprechende Analyse im quantitativen Strang anstoßen.

Abb. 8: Integration am Ende des Projektes beim parallelen Design

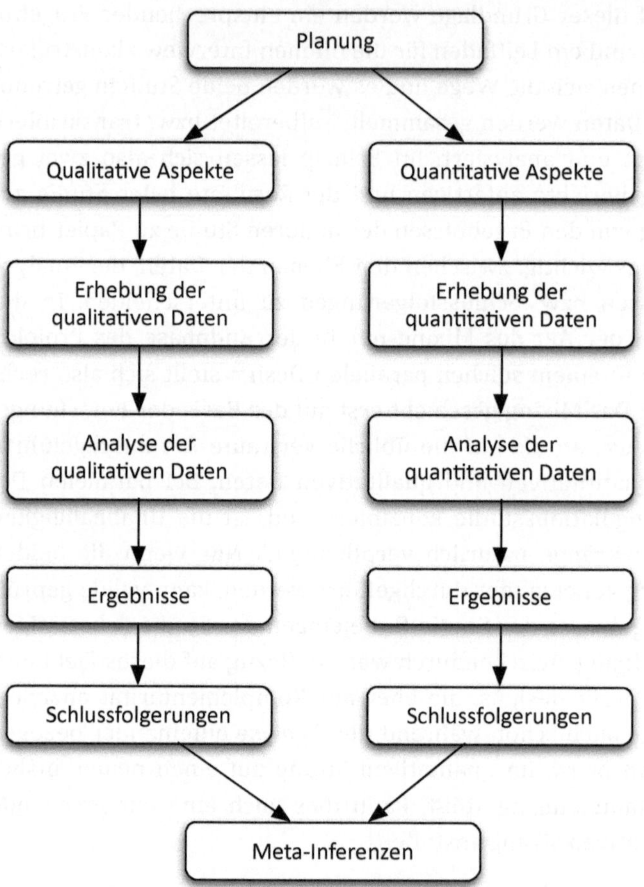

Bei sequenziellen Designs wie dem Vertiefungsdesign oder dem Verallgemeinerungsdesign wird die Mixed-Methods-Analyse komplizierter, denn hier finden die Resultate des einen, zuerst durchgeführten Analysestrangs bereits Eingang in die Planung der Datenerhebung des zweiten Analysestrangs. Wie bei diesen Designformen die Analyse abläuft, wird weiter unten in diesem Kapitel dargelegt; zuvor soll in einer jeweils kurzen Zusammenfassung der Analyseablauf bei der separaten Auswertung qualitativer und quantitativer Daten präsentiert werden.

Der Analyseprozess bei quantitativen Daten

Bei der Analyse quantitativer Daten sind die einzelnen Analyseschritte deutlicher voneinander getrennt als bei qualitativer Analyse. Die zu durchlaufenden Schritte sehen standardmäßig folgendermaßen aus:

1. Vorbereitung der Daten
2. Dateneingabe
3. Datenüberprüfung, Fehlerbereinigung und Plausibilitätsprüfung
4. Aufbereitung von Mehrfachantworten
5. Codierung offener Fragen
6. Grundauszählung und deskriptive Statistik
7. Zusammenhangsanalyse: Korrelationen und Gruppenunterschiede
8. Komplexe statistische Analysen, Modellierung
9. Darstellung, Diskussion und Bewertung der Resultate
10. Erstellen des Forschungsberichts

Was bei den einzelnen Schritten zu beachten ist und wie diese konkret mit Statistik-Software durchzuführen sind, haben wir in dem Buch „Statistik – eine verständliche Einführung" (Kuckartz, Rädiker, Ebert & Schehl, 2013) dargestellt. Im Folgenden werden die zehn Schritte des Analyseprozesses nur schlaglichtartig beleuchtet.

Schritt 1 bis 3: Vorbereitung der Daten, Dateneingabe und Datenüberprüfung

Gleichgültig, in welcher Form quantitative Daten erhoben werden – sei es durch Face-to-face-Interviews, schriftliche Befragungen, Beobachtungen, durch Dokumentenanalyse oder andere Methoden – sie müssen zunächst in eine digitalisierte Form gebracht werden. Die statistische Analyse von quantitativen Daten geschieht heute nahezu ausnahmslos mittels statistischer

Computerprogramme wie SPSS, Systat, Stata, SAS etc.[15] Solche Programme besitzen eine nahezu standardisierte Logik für die Dateneingabe und die Deklarierung von Variablennamen, Variablentypen sowie Variablen- und Wertelabels. Um einen zuverlässigen Transfer bspw. von einem schriftlichen Fragebogen zu einer von Statistikprogrammen lesbaren Datenmatrix zu gewährleisten, ist ein Codeplan zu erstellen, dem zu entnehmen ist, welcher Antwort bzw. welcher Merkmalsausprägung welcher numerische Wert zugeordnet wird. Die Bereinigung von Fehlern und Plausibilitätsprüfungen sollten vorgenommen werden, bevor die eigentliche statistische Analyse beginnt. Wenn man für die gleichen Personen (oder allgemeiner gesagt Fälle, denn es kann sich auch um Institutionen, Familien, Organisationen handeln) sowohl quantitative als auch qualitative Daten erhoben hat, muss man eine eindeutige Kennung vorsehen, die eine Verbindung zwischen diesen Datentypen herstellt. Gleiches gilt für den Fall, dass man mehrere quantitative Erhebungen für die gleichen Personen durchgeführt hat, bspw. Fragebogen und mehrere Tests, Beobachtungen, Information aus Akten und Dokumenten.

Schritt 4 und 5: Mehrfachantworten aufbereiten und Codieren offener Fragen

Fragen mit Mehrfachantworten werden so aufbereitet, dass sie zu Multiple-Response-Sets zusammengefasst werden können. Enthält ein Fragebogeninstrument offene Fragen, d.h. Fragen ohne Antwortvorgaben, so müssen diese zunächst kategorisiert und codiert werden. Bei der Kategorisierung werden am besten Techniken aus dem Bereich der qualitativen Datenanalyse angewendet. Nach Bestimmung der Auswertungskategorien werden die entsprechenden numerischen Werte in die Datenmatrix eingegeben.

Schritt 6: Grundauszählung und deskriptive Statistik

Der erste Schritt jeder quantitativen Datenauswertung besteht in der Grundauszählung, d.h., für alle Variablen des Datensatzes werden Häufigkeitsauswertungen in Form einfacher absoluter und relativer Häufigkeiten

---

15 Siehe a) www.spss.com b) www.systat.de c) www.stata.com d) www.sas.com.

erstellt. Die Grundauszählung wird auch benutzt, um ggf. noch verbliebene Fehler in den Daten aufzuspüren und zu beseitigen; d.h., es könnte sich jetzt zeigen, dass ungültige oder wenig plausible Werte vorkommen. Solche Fehler müssen sofort verbessert werden, da ansonsten alle Berechnungen oder Skalenbildungen mit den betreffenden Variablen fehlerhaft werden. Etwas komplizierter stellt sich die Grundauszählung von Fragen mit Mehrfachnennungen dar. Hier müssen die Häufigkeiten der entsprechenden Variablen in einer gemeinsamen Tabelle zusammengefasst werden.

Die explorative Phase der Datenauswertung bietet die Möglichkeit, sich mit den Daten und ihren Verteilungen vertraut zu machen, erste Auffälligkeiten zu registrieren und Vermutungen über Zusammenhänge anzustellen. Mithilfe von graphischen Darstellungen, wie etwa Balken- und Liniendiagrammen, Histogrammen oder Kreisdiagrammen, kann man sich einen visuellen Eindruck der Verteilungen verschaffen. Gleichzeitig lassen sich univariate, d.h. auf eine Variable bezogene Statistiken berechnen, wie Mittelwert, Median, Vertrauensintervalle, Varianz und Standardabweichung. Jetzt ist auch der Zeitpunkt, um Merkmalsausprägungen sinnvoll zusammenzufassen und aus mehreren Indikatoren eine Skala oder einen Index zu bilden.

Nach der vollzogenen Kategorisierung können auch für die offenen Fragen die nun neu gebildeten Variablen statistisch ausgewertet und die entsprechenden Tabellen, deskriptive Statistiken und Graphiken erstellt werden.

Schritt 7 und 8: Komplexe statistische Analysen, Modellierung

Die Zusammenhangsanalyse überwindet die nur auf eine Variable bezogene univariate Vorgehensweise der explorativen Analysephase und betrachtet nun den Zusammenhang von zwei (bivariate Analyse) und mehr Variablen (mulitvariate Analyse). Zunächst wird man auch in dieser Phase deskriptive Auswertungen durchführen, etwa in Form von Kreuztabellen, die die Konfiguration von zwei Merkmalen darstellen. Mithilfe von inferenzstatistischen Verfahren lassen sich dann Zusammenhänge auf statistische Zufälligkeit hin überprüfen. Welche statistischen Verfahren man wählt, hängt entscheidend von dem Skalenniveau der beteiligten Variablen ab. Zur Verfügung stehen etwa der t-Test und die Varianzanalyse zum Vergleich von Gruppen, die

Regressionsanalyse zur Ermittlung der Effekte von unabhängigen auf abhängige Variablen und die Clusteranalyse zur Bildung von möglichst homogenen Gruppen auf der Basis von Merkmalskonstellationen. Um zu vermeiden, dass bei solchen inferenzstatistischen Verfahren Tests zufällig signifikant werden, sollte die Anzahl der durchgeführten Analysen klein gehalten werden und stets vorab Hypothesen formuliert werden.

Dabei geht es nicht nur darum festzustellen, ob zwischen zwei Variablen eine signifikante Beziehung besteht, sondern es geht unter dem Blickwinkel der praktischen Relevanz der Forschungsergebnisse vor allem darum, die Stärke des Zusammenhangs zu ermitteln und bei der Interpretation zu berücksichtigen. Sofern Skalen und Indizes gebildet wurden, ist die Reliabilität zu ermitteln. Ferner sollte man sich Gedanken über die Sicherung der Validität machen, bspw. durch einen Vergleich mit den Ergebnissen anderer Studien.

Mithilfe von multivariaten Analyseverfahren wie der Faktorenanalyse, der multiplen Regression oder der Clusteranalyse lassen sich auch komplexe Zusammenhänge überprüfen, Wechselwirkungen untersuchen und Drittvariablen kontrollieren. Kausale Zusammenhangsmodelle werden in dieser letzten Phase des Auswertungsprozesses formuliert und getestet.

Schritt 9 und 10: Darstellung, Diskussion und Bewertung der Resultate und Erstellen des Forschungsberichts

In der letzten Phase der quantitativen Datenauswertung geht es darum, die Resultate der statistischen Zusammenhangsanalysen und Hypothesentests zu verbalisieren, wobei die entsprechenden Koeffizienten, Parameter und Irrtumswahrscheinlichkeiten im Forschungsbericht mitzuteilen sind. Mithilfe von entsprechenden visuellen Darstellungen wie gestapelten Balkendiagrammen, Liniendiagrammen mit mehreren Vergleichslinien, zweidimensionalen Scatterplots oder räumlichen Faktorendarstellungen lassen sich Zusammenhänge anschaulich darstellen. Die Interpretation der Ergebnisse sollte immer in Bezug zu bereits vorhandenem Wissen und in Relation zu den Ergebnissen anderer empirischer Studien erfolgen.

Analyse der qualitativen Daten

Für die Analyse qualitativer Daten existieren, wie oben erwähnt, anders als bei der statistischen Analyse der quantitativen Daten eine Vielzahl unterschiedlicher und miteinander konkurrierender Verfahren. Zu nennen sind, ohne Anspruch auf Vollständigkeit: qualitative Inhaltsanalyse, Grounded Theory, phänomenologische Analyse, Frame Analysis, Metaphernanalyse und Diskursanalyse. Zu jeder Methode existiert je eigene Methodenliteratur und eine mehr oder weniger umfangreiche interne Kommunikation der jeweiligen Protagonist_innen (Miles & Huberman, 1994; Miles, Huberman & Saldana, 2014). Bazeley (2013: 223 ff.) hat den generellen Prozess qualitativer Datenanalyse auf die einfache Formel gebracht „describe, compare, and relate“ (beschreiben, vergleichen und in Beziehung setzen). Das heißt, es geht um weit mehr als nur darum, Themen zu identifizieren und Inhalte zu beschreiben bzw. aus dem Originalmaterial zu zitieren, sondern man arbeitet mit Themen und Kategorien, man differenziert nach Gruppen und vergleicht diese, setzt Kategorien zueinander in Beziehung und bildet Typen von sich einander ähnlichen Fällen. Die Kernpunkte dieser einfachen Formel „describe, compare, and relate“ findet man in nahezu allen der oben benannten qualitativen Verfahren, die hier aber nicht alle beschrieben werden sollen, dafür ist in diesem Kapitel nicht der Raum. Ich konzentriere mich stattdessen auf die oft praktizierte Form qualitativer Datenanalyse, bei der mit Kategorien (Codes) und der Kategorisierung des Materials gearbeitet wird. Bei dieser kategorienbasierten Analyse wird in der Regel entsprechende QDA-Software wie MAXQDA oder NVivo[16] eingesetzt.

Der Prozess der Analyse qualitativer Daten enthält mehr zirkuläre Elemente als der Prozess der Analyse quantitativer Daten; doch nimmt er im Prinzip einen ähnlichen Verlauf und enthält die gleichen Kernprozeduren, nämlich Aufbereitung der Daten, Exploration der Daten, Analyse der Daten und Darstellung und Interpretation der Analyseresultate. Das Abbildung 9 visualisiert diesen Ablauf.

---

16 Siehe a) www.maxqda.de b) www.qsrinternational.com.

Aufbereitung der Daten

Da qualitative Daten wesentlich vielfältigere Formen als quantitative Daten annehmen können, wird die Art der Aufbereitung stark von der Datenart bestimmt: Im Falle von Interviews und Gruppendiskussionen werden zunächst Audio-Aufnahmen angefertigt und üblicherweise transkribiert, wobei die konkrete Art und Weise der Verschriftlichung durch Transkriptionsregeln festgelegt wird (Kuckartz 2014: 134-139). Auch im Fall von Video-Daten verfährt man in der Regel in der gleichen Weise, d.h., man transkribiert diese für die weitere Auswertung. Moderne QDA-Software ermöglicht die synchrone Betrachtung von Audio- bzw. Videoaufnahme und Transkription, sodass es relativ einfach ist, die Transkription auf Richtigkeit zu prüfen, bevor die eigentliche Datenanalyse beginnt. Liegen qualitative Daten bereits digitalisiert vor – etwa Dokumente in Form von PDF-Dateien – so ist keine weitere Vorbereitung erforderlich. Sollen aus dem Internet stammende Daten wie Forenbeiträge, Twitter Tweets oder Social-Media-Daten analysiert werden, so ist unter Umständen eine recht aufwendige Aufbereitung dieser Daten erforderlich. Hierfür sehen allerdings einige QDA-Programme mittlerweile spezielle Funktionen vor, welche die Bearbeitung sehr erleichtern.

Wie der Analyseprozess von der Exploration der Daten bis hin zur Darstellung und Interpretation der Analyseresultate bei einem codierenden Verfahren abläuft, lässt sich gut am Beispiel der inhaltlich strukturierenden qualitativen Inhaltsanalyse aufzeigen, einem mit Segmentierung, Kategorien und Codierung arbeitenden Verfahren, das zu den am häufigsten eingesetzten qualitativen Analysemethoden gehört. Abb. 9 zeigt schematisch den Ablauf.

Abb. 9: Ablaufschema der inhaltlich strukturierenden qualitativen Inhaltsanalyse (Quelle: Kuckartz, 2014: 78)

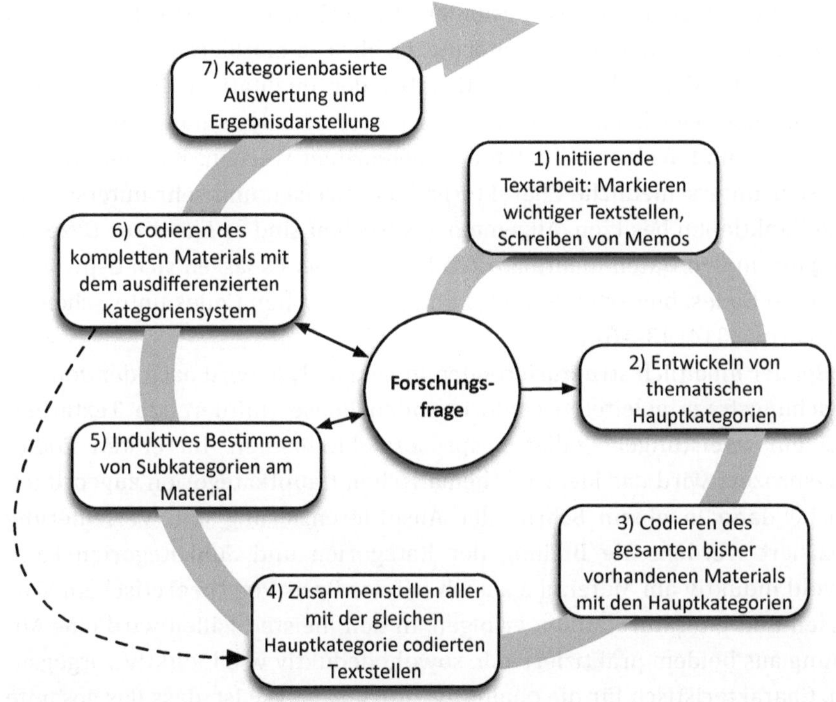

In der ersten, explorierenden Phase der qualitativen Inhaltsanalyse geht es zunächst darum, mit den Daten – in der Regel handelt es sich um Texte – vertraut zu werden und ein Gespür für mögliche Zusammenhänge zu entwickeln, sodass kein Weg daran vorbeiführt, alle Texte sorgfältig, d.h. Zeile für Zeile, zu lesen. Analoges gilt für Bild-, Audio- und Videomaterial.

Bereits beim ersten Durchgang durch die Daten sollte man alle Ideen, Gedanken und Hypothesen, die einem in den Sinn kommen, festhalten und in Form von Memos sofort niederschreiben. Solche Memos können bei Benutzung von QDA-Software wie Post-it-Zettel an die jeweilige Stelle im Text (oder der Audio- und Videoaufzeichnung) geheftet werden. Sie leiten die spätere Analyse an und können bereits erste Verschriftlichungen auf dem Weg zum späteren Forschungsbericht darstellen. Manchmal kann es sich bei Memos auch nur um einen sehr kurzen Text oder eine Anmerkung handeln; unter Umständen reicht es, besonders bemerkenswerte Stellen, die man später unbedingt wiederfinden möchte, farblich zu markieren.

Der erste Materialdurchlauf dient bei der qualitativen Inhaltsanalyse auch dazu, Kategorien zu bilden, die in späteren Analysephasen in systematischer Art und Weise zu Textstellen zugeordnet werden. Kategorien können sehr unterschiedliche Charakteristika aufweisen und sehr unterschiedliche Funktionen besitzen. Allgemein gesprochen sind es Label zur Bezeichnung der in den Daten identifizierten Phänomene. Es lassen sich bspw. thematische Codes, bewertende Codes und theoretischen Codes unterscheiden (Kuckartz, 2014: 43-46).

Bei der inhaltlich strukturierenden Inhaltsanalyse wird nach der von der Forschungsfrage geleiteten explorierenden Phase (initiierende Textarbeit etc.) ein zweistufiger Codierungsprozess durchlaufen. Im ersten Codierungsprozess wird das Material thematischen Hauptkategorien zugeordnet, welche dann in einem Schritt der Ausdifferenzierung und Verfeinerung präzisiert werden. Die Bildung der Kategorien und Subkategorien kann sowohl induktiv am Material als auch auf der Basis von theoretischem Vorwissen und Literaturstudium erfolgen. In den meisten Fällen wird eine Mischung aus beidem praktiziert, d.h. sowohl deduktiv wie induktiv vorgegangen. Charakteristisch für die qualitative Inhaltsanalyse ist, dass das gesamte Material codiert wird. Die Nutzung von QDA-Software erleichtert dies in entscheidendem Maße, sie begünstigt auch das systematische Arbeiten mit Codes, die gruppiert und zu abstrakteren und allgemeineren Kategorien zusammengefasst werden können.

Quasi analog zur Grundauszählung in der quantitativen Datenanalyse, welche einen ersten systematischen Überblick über die Verteilung der Daten ergibt, erfolgt in der qualitativen Inhaltsanalyse die kategorienbasierte Auswertung, in der alle zu einer Kategorie zugeordneten Segmente des Materials zusammengestellt werden. Auf der Basis dieser ersten kategorienbasierten Auswertung erfolgt in der Regel die Bildung von Subkategorien direkt am Material, welche in einem zweiten Materialdurchlauf den codierten

Textstellen zugewiesen werden. Diese nunmehr differenziertere Kategorisierung und inhaltliche Strukturierung des Materials ist dann die Grundlage für die weiteren Analyseschritte.

Für die Darstellung der Ergebnisse einer qualitativen Inhaltsanalyse in einem Forschungsbericht stehen zahlreiche Möglichkeiten zur Verfügung; so lassen sich Zusammenhänge verschiedener Kategorien in tabellarischer Form oder als Concept-Map darstellen. Sehr nützlich sind Fallübersichten, in denen eine Auswahl von Fällen oder bei relativ kleinen Stichproben (n < 15) auch alle untersuchten Fälle miteinander verglichen werden, und zwar hinsichtlich solcher Merkmale, die für die Forschungsfrage als besonders wichtig erachtet werden. Eine tabellarische Fallübersicht gleicht dann einer Themenmatrix, wobei nur bestimmte Themen bzw. Kategorien ausgewählt und in der Tabelle dargestellt werden. Die Zeilen einer solchen Fallübersicht lassen sich so sortieren, dass hinsichtlich bestimmter Merkmale ähnliche Personen auch in der Tabelle benachbart dargestellt werden.

Ähnlich wie bei der Analyse quantitativer Daten sollte auch die Interpretation der Ergebnisse qualitativer Studien immer auf dem Hintergrund des aktuellen Forschungsstands und in Beziehung zu den Ergebnissen anderer empirischer Studien erfolgen. Hinsichtlich der Validitätssicherung empfehlen sich bei qualitativen Studien andere Vorgehensweisen als bei quantitativen: So kann man bspw. Techniken kommunikativer Validierung einsetzen, d.h., die Forschungsteilnehmenden selbst werden über die Resultate der Forschung informiert und um ein kommentierendes Feedback gebeten. Insgesamt ist für qualitative Forschung eine prozedurale Validitätsssicherung angemessen, indem man bspw., wie Flick vorschlägt, sich an den Leitgedanken des Qualitätsmanagements, wie sie etwa in der ISO-Norm 9001 festgelegt sind, orientiert (Flick, 2007: 526-530).

In diesem Kapitel habe ich mich vorrangig auf die Auswertungsmethode der inhaltlich strukturierenden qualitativen Inhaltsanalyse bezogen. Selbstverständlich existiert innerhalb der Mixed-Methods-Forschung kein Zwang zu inhaltsanalytischen Vorgehensweisen bei der Auswertung der qualitativen Daten. Es können stattdessen – der Forschungsfrage entsprechend – auch andere qualitative Methoden wie die Grounded Theory eingesetzt werden.

Integrative Formen der Analyse und integrative Darstellungen

Sofern der qualitative und der quantitative Forschungsstrang getrennt voneinander analysiert werden, vollzieht sich die Analyse in der üblichen Art und Weise. Je nachdem wie die Arbeitsteilung in der Forschergruppe stattfindet, stellen sich dennoch gesteigerte Anforderungen an die Kompetenzen der Forschenden; denn sie müssen sowohl Fertigkeiten in der qualitativen wie in der quantitativen Methodik besitzen. Nur bei großen Projekten mit entsprechend vielen Mitarbeiter_innen lassen sich die Analysearbeiten so verteilen, dass sich die Kompetenzen ergänzen und nicht bei allen Personen im Team in gleicher Weise vorhanden sein müssen. Ein Basiswissen von qualitativen und quantitativen Methoden ist allerdings in jedem Fall unentbehrlich. Die getrennte Analyse der beiden Stränge – sei es nun bei parallelen oder sequenziellen Designs – ist also noch weitgehend „business as usual"; spannend wird es aber dann, wenn die Ergebnisse der beiden Stränge aufeinander bezogen werden (vgl. Bazeley & Kemp, 2012). Für Mixed-Methods-Forschung ist es deshalb eine ganz entscheidende Frage, zu welchem Zeitpunkt des Projektes dieses Mixing eigentlich geschieht.

In Anlehnung an Creswell & Plano Clark (2011) und Plano Clark, Garret & Leslie-Pelecky (2010) lässt sich zwischen vier verschiedenen Situationen bei der Integration von Daten bzw. Ergebnissen unterscheiden:

Zusammenfügen von Resultaten ist besonders typisch für parallele Designs – hier werden lediglich die Ergebnisse „zusammengeschoben", d.h., man bewegt sich nur auf der Ebene von Forschungsberichten. Das Zusammenfügen und Kontrastieren von Befunden geschieht allerdings auch bei den anderen Designtypen.

Verbinden von Daten und Resultaten ist typisch für sequenzielle Designs – hier wird die eine Form der Daten benutzt, um den nächsten Schritt, nämlich die Erhebung des anderen Datentyps zu steuern. Auch hier kann dann noch einmal auf der Ebene der Forschungsberichte ein Mixing stattfinden; wichtig ist aber, dass die beiden Stränge bereits zuvor verbunden werden. Wie die Daten bzw. Ergebnisse bei sequenziellen Designs genau verbunden werden, lässt sich bei einem Verallgemeinerungsdesign am besten in Form einer Tabelle oder einer Concept-Map dokumentieren.

Quantifizierung und Qualifizierung sind typisch für Transferdesigns, d.h., ein Datentyp wird durch Transformation in den anderen Typ überführt. Dies macht es im Anschluss an die Transformation möglich, sich nur noch in einem Methodenbereich zu bewegen, also ausschließlich qualitative oder quantitative Auswertungsstrategien anzuwenden.

Einbetten der Daten – Hier wird innerhalb eines vorrangig mit einer Methode arbeitenden Projekts eine Phase eingeschoben, in der Daten des anderen Typs erhoben werden. Dies wird fast ausschließlich so praktiziert, dass in einem primär quantitativ ausgerichteten Projekt (bspw. einem RCT) eine kleine qualitative Erhebung eingeschoben wird. Dies geschieht aber weder zur Exploration noch zur vertiefenden Erklärung der quantitativen Befunde, sondern mit dem Ziel, auch die Perspektive der persönlich Betroffenen einzubeziehen.

Die Ergebnisse integrativer Analysen müssen für die Präsentation in Forschungsberichten oder anderen Publikation auch angemessen aufbereitet werden. Solche **integrativen Darstellungen** können tabellarisch, visuell (z.B. als Diagramm oder Concept-Map) oder textuell (d.h. in einem vergleichenden Fließtext) erfolgen (Plano Clark et al., 2010). Differenziert nach vier Haupttypen von Mixed-Methods-Designs lassen sich folgende integrative Darstellungen entwickeln:

a) ***Paralleles Design***: Im Zentrum steht die Frage, inwieweit die qualitative und die quantitative Studie zu dem gleichen Ergebnis führt (Triangulation) oder in welcher Weise eine Studie die andere ergänzt (Komplementarität). Um die Ergebnisse zusammenzuführen, lassen sich qualitative und quantitative Daten bzw. Ergebnisse korrespondierend in einer Tabelle darstellen. Ferner können qualitative Kategorien bzw. Themen in Verbindung mit den kategorialen und metrischen Daten der quantitativen Daten gebracht werden (eine Darstellung, die bspw. die von den Forschungsteilnehmenden berichteten persönlichen Aktivitäten im Klimaschutz nach Bildungsstand aufschlüsselt). Eine dritte Möglichkeit ist es, qualitative Daten in quantitative zu transformieren und die Korrelationen mit quantitativen Variablen zu berechnen.

b) ***Vertiefungsdesign.*** Bei diesem sequenziellen Typ von Design steht die Frage im Mittelpunkt, inwieweit die Befunde der qualitativen Studie dabei helfen, die Resultate der quantitativen Studie besser zu verstehen und zu erklären. Die Resultate der zuerst durchgeführten quantitativen Studie können zur Bestimmung des qualitativen Samples herangezogen werden, indem man bspw. relevante sozio-demographische Merkmale identifiziert und als Quotierungsmerkmale für die Bestimmung der Stichprobe benutzt. Am Ende der Studie können, ähnlich wie beim parallelen Design, die Resultate beider Studien in einer thematisch geordneten tabellarischen Übersicht nebeneinander gestellt werden. Wenn für die gleichen Personen sowohl qualitative wie quantitative Daten vorliegen, ergeben sich erweiterte Möglichkeiten, die unten in Kapitel 4 dargestellt sind.

c) ***Verallgemeinernungsdesign.*** Im Mittelpunkt dieses ebenfalls sequenziell angelegten Designs steht die Frage, in welcher Weise die Ergebnisse der zuerst durchgeführten qualitativen Studie durch die nachfolgende quantitative Studie generalisiert werden können. Bei der Planung der quantitativen Studie ist es sinnvoll, in einer integrativen Darstellung die Resultate der qualitativen Studie in Form von Kategorien und/oder Zitaten mit den Items und Skalen des auf dieser Basis konstruierten Fragebogeninstrument in Verbindung zu bringen. Eine solche Darstellung kann sowohl als Tabelle wie auch als Concept-Map organisiert sein; ihr lässt sich unmittelbar entnehmen, wie die einzelnen Fragen und Antworten in den qualitativen Daten begründet sind. Dies ist quasi die Vorstufe für die am Projektende mögliche Gegenüberstellung der Resultate beider Studien. Diese geschieht analog zu der oben beschriebenen integrativen Darstellung beim parallelen und vertiefenden Design.

d) ***Eingebettetes Design.*** Bei dieser ebenfalls sequenziellen Designform genießen in der Regel quantitative Methoden den Vorrang und eine kleine qualitative Studie wird in diesen Rahmen mit dem Ziel eingeschoben, zu einem erweiterten Verständnis der Befunde der quantitativen Studie zu führen. Vor allem im Gesundheitsbereich und in der medizinischen Forschung findet man häufig, dass qualitative Studien im

Verlaufe von nach RCT-Standards durchgeführten Interventionsmaßnahmen durchgeführt werden. Lewin et al. (2009) fanden heraus, dass in 30 der von ihnen untersuchten 100 RCTs auch qualitative Methoden im Laufe der Studie eingesetzt wurden. Integrative Darstellungen können hierbei im Verlauf des Trials dazu dienen: a) qualitative Themen mit Samplingstrategien zu verbinden; b) qualitative Themen zur Entwicklung und Verbesserung der Intervention zu nutzen und c) die persönlichen Erfahrungen der Einzelnen mit den quantitativen Befunden zu kontrastieren. Am Ende des Trials können, wie bei den anderen Designformen, Resultate beider Methoden verbunden werden; dabei können insbesondere die kausalen Hypothesen und Vermutungen, wie sie in den Resultaten der quantitativen Studie enthalten sind, mit den qualitativen Themen verknüpft werden. So lassen sich bspw. signifikante Effekte von Maßnahmen mit den persönlichen Erfahrungen der einzelnen zusammenbringen.

Wie einige dieser integrativen Darstellungen, die sog. Joint Displays, in der Praxis mithilfe von QDA-Software erstellt werden können, ist Gegenstand von Kapitel 4. Zuvor werden im folgenden Abschnitt einige Basisfunktionen von QDA-Software beschrieben, die die Erstellung solcher Joint Displays erst möglich machen.

Basisfunktionen von QDA-Software für die Mixed-Methods-Datenanalyse

Mithilfe von QDA-Software lässt sich die Analyse von Mixed-Methods-Daten, vor allem das Mixing, effektiv und schnell realisieren. Für die computergestützte Analyse bedarf es einiger Basistools und grundlegender Funktionen, die das Management von qualitativen und quantitativen Daten betreffen. Programme wie MAXQDA und NVivo erlauben es, alle im Rahmen eines Mixed-Methods-Projekts erhobenen Daten in einer einzigen Projektdatei zu speichern, zu verwalten und miteinander in Beziehung zu setzen. Dabei kann es sich um Texte, um Audio- und Videodateien, Bilder, Spreadsheet-Tabellen und Datenmatrizen handeln, wie sie in Statistikprogrammen üblich sind. Die Tabelle in Abb. 10 zeigt die grundlegende Aufgliederung in einen Bereich für qualitative Daten und einen Bereich für quantitative Daten.

Abb. 10: Aufgliederung qualitativer und quantitativer Daten in QDA-Software

Qualitative Daten (Dokumente)	Quantitative Daten (Variablen)
- Texte (DOC, DOCX, RTF, ODT, TXT und PDF) - Tabellen (XLS, XLSX) - Bilder (JPG, GIF, PNG) - Audioaufnahmen (WAV, MP3) - Videoaufnahmen (AVI, MPEG)	- metrische Variablen (Ganzzahl) - metrische Variablen (Kommazahlen) - Stringvariablen - Datumsvariablen - Boolean Variablen

All diese Datenarten und -formate können in Programme wie MAXQDA und NVivo importiert und analysiert werden. Damit lassen sich alle oben in Kapitel 3 vorgestellten Mixed-Methods-Designs bis hin zu sehr komplexen Designs realisieren. Auch der Import strukturierter Daten ist bei einigen der QDA-Programme möglich: Führt man bspw. Online-Interviews durch, in denen sowohl standardisierte als auch offene Fragen gestellt werden, so erstellen Online-Befragetools wie SurveyMonkey[17] oder LimeSurvey[18] eine Exportdatei, in der sowohl die Texte als auch die in Zahlen transformierten Antworten auf die standardisierten Fragen enthalten sind. Beispielsweise haben wir im Rahmen von Absolventenstudien des Master-Studiengangs Erziehungs- und Bildungswissenschaft Online-Befragungen durchgeführt, bei denen das Instrument sowohl standardisierte Fragen als auch offene Fragen mit entsprechenden Freitextfeldern enthielt, in welche die Befragten ihre Antwort hineintippen konnten. In diesem Fall wurde das Online-Befragungstool LimeSurvey benutzt, das eine Exportdatei im Excel-Format erstellt. Beim Import zu MAXQDA werden die darin enthaltenen Daten au-

17 https://de.surveymonkey.com.
18 https://www.limesurvey.org/de.

tomatisch in qualitative und quantitative Daten aufgesplittet und entsprechend in die Datenbankstruktur von MAXQDA eingefügt.

Neben diesen Möglichkeiten zum Datenmanagement von qualitativen und quantitativen Daten enthalten QDA-Programme eine Vielzahl von Basisfunktionen, in deren Zentrum Features zur Segmentierung und Kategorisierung der qualitativen Daten stehen. Die wichtigsten Funktionen werden im Folgenden kurz beschrieben:

Bildung von Kategoriensystemen und Codieren von Segmenten

Das Herzstück von QDA-Software stellen die Möglichkeiten zur Bildung von Codes und Kategoriensystemen sowie zur Codierung von Textsegmenten dar. Kategoriensysteme können als einfache lineare Liste, hierarchisch oder netzwerkartig konstruiert werden. Textstellen können in beliebiger Größe markiert und einer Kategorie oder Subkategorie zugeordnet werden. Auch der umgekehrte Weg ist möglich, d.h., beim offenen Codieren im Stil der Grounded Theory können Codes direkt am Material gebildet und später dann zusammengefasst und gruppiert werden. Die Mehrfachzuordnung von Codes ist möglich. Codierungen können sich überlappen oder ineinander verschachtelt sein. Diese Basisfunktionen erlauben es, verschiedene Analysetechniken, wie etwa die oben skizzierte inhaltlich-strukturierende Inhaltsanalyse oder die Grounded Theory, zu praktizieren.

Zusammenstellen aller mit einer bestimmten Kategorie codierten Textstellen

Textstellen, die mit der gleichen Kategorie oder der gleichen Kombination von Kategorien codiert wurden, können in einer Liste oder einer Tabelle zusammengestellt werden. Dabei können Selektionskriterien formuliert werden; z.B. können bestimmte Gruppen von Fällen aufgrund soziodemographischer Merkmale ausgewählt und kontrastiert werden.

Suchen nach Wörtern und Wortkombinationen mit automatischem Codieren der Fundstellen

In den Texten bzw. in nach bestimmten Kriterien ausgewählten Texten kann nach dem Vorkommen von Wörtern und Wortkombinationen gesucht werden und eine automatische Codierung der Fundstellen durchgeführt werden. Dabei kann der Umfang der codierten Textstelle frei bestimmt werden, z.B. der komplette Satz, der gesamte Absatz der Fundstelle etc.

Textstellen via Links miteinander verknüpfen

Textstellen können mit anderen inhaltlich ähnlichen Textstellen verbunden werden. Hierzu werden in gleicher Weise wie bei Hyperlinks im Internet Anker- und Zielpunkt festgelegt. Mittels solcher Links können Stellen im gleichen Text miteinander verlinkt werden, Anker- und Zielort können sich aber auch in verschiedenen Texten befinden, zudem können Links zu externen Dateien und Orten hergestellt werden, z.B. zu geographischen Orten via Google Maps bzw. Google Earth.

Memos schreiben

Mithilfe von Memos lasen sich Anmerkungen, Kategoriendefinitionen, Informationen zu den Forschungsteilnehmenden (z.B. sog. Postskripts, in denen die Besonderheiten und der Ablauf von Interviews festgehalten werden), Ideen und Hypothesen festhalten. Solche Memos können an beliebige Textstellen, codierte Textsegmente, Texte, Kategorien oder Subkategorien – ähnlich wie Post-it-Zettel – angeheftet werden. Memos lassen sich verändern, erweitern und zu umfassenderen analytischen Texten integrieren, sodass diese als Bausteine für den Forschungsbericht dienen können.

Die in diesem Abschnitt dargestellten Basisfunktionen sind nicht in allen QDA-Programmen vorhanden. Die Programme unterscheiden sich nach Funktionsumfang sowie hinsichtlich von Performance und Benutzerfreundlichkeit. In dem jüngst erschienenen Buch von Christina Silver und Ann Lewins „Using software in qualitative research: A step-by-step guide" (2014) finden sich ausführliche Vergleiche der bekanntesten Programme. Zu fast allen QDA-Programmen sind kostenfreie Trialversionen verfügbar, mit denen man selbst testen kann, ob die Anforderungen für die eigenen Analysen erfüllt werden oder nicht.

Empfehlungen aus diesem Kapitel

Die Datenanalyse ist selbstverständlich von sehr großer Wichtigkeit für ein Mixed-Methods-Projekt. Angesichts der größeren Komplexität der Analysephase ist es empfehlenswert, in diese nicht unvermittelt „hineinzustolpern", sondern sich bereits vorher einen Plan zurechtzulegen. Dieser hängt vom gewählten Design ab und nimmt bei einem sequenziellen Design eine andere Form an als bei einem parallelen Design. Folgende Punkte sollten Sie in jedem Fall bereits vorab überlegen:

- Welche Auswertungen der quantitativen Daten sind sinnvoll? Sind Skalen oder Indizes zu bilden? Wenn ja, welche Variablen werden dazu herangezogen? Welche statistischen Verfahren sollen eingesetzt werden? Sind diese Verfahren in der Statistiksoftware, die Ihnen zur Verfügung steht, implementiert? Verschaffen Sie sich ggf. auch das nötige Wissen über die Funktionsweise dieser Verfahren in ihrer Statistik-Software. Probieren Sie die Verfahren aus, lernen Sie die Programmausgabe zu interpretieren.
- Wie genau wollen Sie die qualitativen Daten auswerten? Falls Sie inhaltsanalytische Methoden anwenden wollen, entscheiden Sie, ob bereits aus dem Interviewleitfaden Kategorien gebildet werden sollen. Überlegen Sie, wie der Codiervorgang ablaufen soll: Sollen mehrere Personen codieren? Wann und wie wollen Sie die Personen dafür trainieren? Wie sichern Sie die Inter-Coder-Übereistimmung?
- Überlegen Sie, wie Sie Ihre Daten für die Ihnen zur Verfügung stehende QDA-Software aufbereiten. Nach welchen Transkriptionsregeln soll gearbeitet werden? Wie wird die Transkription überprüft? Wie können Sie die gewählte qualitative Analysemethode mit der Software umsetzen?
- Legen Sie fest, in welcher Form Sie die Ergebnisse der quantitativen und der qualitativen Studie für den Forschungsbericht aufbereiten wollen.
- Überlegen Sie, an welchen Stellen des Projekts die Integration von Daten und Ergebnissen der beiden Methodenstränge stattfinden soll. Wie lässt sich die Integration technisch realisieren?

- Überlegen Sie bei sequenziellen Designs konkret, wie Sie die Verbindung der Studien gestalten und wie sie dies dokumentieren. Bspw. können Sie in einer Concept-Map die Verbindung von qualitativen Forschungsresultaten und den Fragen, Items und Antwortvorgaben des darauf aufbauenden Fragebogens visualisieren.

Weiterführende Literatur

Bazeley, P. (2006). The contribution of computer software to integrating qualitative and quantitative data and analysis. *Research in the Schools*, 13(1), 63-73.

Bazeley, P. (2009). Editorial: Integrating data analyses in mixed methods research. *Journal of Mixed Methods Research,* 3(3), 203-207.

Bazeley, P. & Kemp, L. (2012). Mosaics, triangles, and DNA : Metaphors for integrated analysis in mixed methods research. *Journal of Mixed Methods Research,* 6(1), 55-72.

Creswell, J. W. & Plano Clark, V. L (2011). *Designing and conducting mixed methods research* (2nd ed.). Thousand Oaks, CA: Sage. (Kapitel 7)

Kuckartz, U. (2009). *Einführung in die computergestützte Analyse qualitativer Daten* (3. Aufl.). Wiesbaden: VS-Verlag.

Kuckartz, U. (2014). *Qualitative Inhaltsanalyse. Methoden, Praxis, Computerunterstützung* (2. Aufl.). Weinheim: Beltz Juventa.

Onwuegbuzie, A. J., Bustamante, R. M. & Nelson J. A. (2010). Mixed research as a tool for developing quantitative instruments. *Journal of Mixed Methods Research*, 4(1), 56-78.

Silver, C. & Lewins, A. (2014): *Using software in qualitative research: A step-by-step guide* (2nd ed.). London: Sage.

Kapitel 4
Integrative Datenanalyse und Joint Displays mit MAXQDA

Themen dieses Kapitels

- Management von Mixed-Methods-Daten mit MAXQDA
- Integrative Darstellungen der Forschungsergebnisse von QUAL und QUANT
- Transformation: Quantifizierung qualitativer Daten
- Konfiguration von qualitativen Themen und Kategorien
- Joint Displays: Integrative Darstellungen von qualitativen und quantitativen Daten
- Kombination von Techniken qualitativer und quantitativer Inhaltsanalyse

In diesem Kapitel steht die praktische Durchführung von Mixed-Methods-Analysen im Mittelpunkt. Der Fokus liegt dabei auf integrativen Analysen, also solchen Formen der Datenauswertung, in denen ein Bezug von qualitativer und quantitativer Studie bzw. qualitativen und quantitativen Daten und Ergebnissen hergestellt wird. Im Folgenden verzichte ich auf eine Darstellung der praktischen Durchführung der „normalen" Auswertungsroutinen für die Analyse von beiden Datenarten, wie sie im Kapitel 3 skizziert wurden. Für die ausführliche Beschreibung dieser Verfahren kann man auf die entsprechenden sozialwissenschaftlichen Lehrbüchern für statistische Datenanalyse (z.B. Diaz-Bone, 2013; Kuckartz et al., 2013) und für qualitative Datenanalyse (z.B. Flick, 2007; Lamnek, 2010) zurückgreifen. In den Lehrbüchern „Statistik. Eine verständliche Einführung" (Kuckartz et al., 2013) und „Qualitative Inhaltsanalyse. Methoden, Praxis, Computerunterstützung" (Kuckartz, 2014) sind die jeweiligen Methoden und Techniken einschließlich ihrer praktischen Umsetzung mit Computersoftware sehr konkret beschrieben. Im Folgenden dreht sich also alles um das Mixing, die Integration qualitativer und quantitativer Daten bei der Analyse.

QDA-Software kann diese Integration der Daten sehr wirkungsvoll unterstützen, ja, es lässt sich sogar mit Fug und Recht behaupten, dass die Existenz von QDA-Software solche Analysen überhaupt erst ermöglicht hat (Nagy Hesse-Biber, 2010: 212-216). In diesem Kapitel wird beschrieben, wie man Techniken der integrativen Datenanalyse mit der Software MAXQDA realisieren kann. Pat Bazeley schreibt 2013, dass zwei QDA-Programme die Mixed-Methods-Forschung in besonderem Maße durch entsprechende Funktionen unterstützen, und zwar NVivo und MAXQDA (Bazeley, 2013: xxi). Vor allem im Bereich von Visualisierungen bietet MAXQDA zahlreiche Funktionen, die für Mixed-Methods-Analysen sehr nützlich sein können, bspw. die sogenannten Joint Displays. Gleichwohl soll hier ausdrücklich angemerkt werden, dass MAXQDA nicht die einzige Software ist, die Mixed-Methods-Analysen unterstützt; dies tun ebenso Programme wie das von Bazeley angeführte Programm NVivo sowie auch QDA-Miner und andere (Silver & Lewins, 2014).

In diesem Kapitel werden zunächst kurz die Basisfunktionen von MAXQDA dargestellt, die es ermöglichen, Mixed-Methods-Daten auszuwerten und integrative Analysen vorzunehmen. Daran anschließend werden die **Joint Displays** in den Mittelpunkt gestellt: Bei diesen handelt es sich um tabellarische oder visuelle Darstellungen (Displays), in denen die Daten und die Ergebnisse der qualitativen und der quantitativen Teilstudie(n) gleichzeitig und aufeinander bezogen präsentiert werden.

Management von Mixed-Methods-Daten mit MAXQDA

Die **quantitativen Daten** werden von MAXQDA in einer Datenmatrix (Variablenmatrix) verwaltet. Diese besitzt den gleichen Aufbau wie er von Statistiksoftware bekannt ist, d.h., es handelt sich um eine rechteckige Tabelle, in der die Variablen in den Spalten und die Fälle in den Zeilen dargestellt werden. Wenn man von der Datenansicht in die Variablenansicht umschaltet, wird eine Liste aller vorhandenen Variablen mit entsprechenden Informationen zu Variablentyp, zu fehlenden Werten etc. angezeigt. Die Verbindung zwischen den qualitativen Daten und den Variablen wird durch den Namen des Dokuments (das ist zum Beispiel die Identifikation oder die Nummer eines Interviews) und den Namen der Dokumentgruppe, zu dem dieses Dokument gehört, hergestellt. Abb. 11 zeigt nebeneinander angeordnet auf der linken Seite die „Liste der Dokumente" und rechts den Dateneditor der Variablenmatrix. Die „Liste der Dokumente" enthält die offenen Interviews Nr. 1, 2, 3 folgende, die alle der Dokumentgruppe „Interviews Umweltforschung" zugeordnet sind. Im Dateneditor findet man entsprechend die gleichnamigen Variablen mit den Überschriften „Dokumentgruppe" und „Dokumentname" in der ersten und zweiten Spalte. Als weitere Variable kann man F8 Mitgliedschaft und F10 Geschlecht erkennen. Die interviewte Person Nr. 2 ist also männlich und Mitglied in einer Umwelt- bzw. Naturschutzgruppe.

Abb. 11: Verbindung von Dokumenten und Variablen via Dokumentnamen

Liste der Dokumente
Dokumente
Interviews Umweltforschung
1
2
3
4
5
6
7
9
10
11
13
16
17
19

Dateneditor - Dokument

	Dokumentgruppe	Dokumentna...	F8 Mitgliedscha...	F10 Geschlecht
	Interviews Umweltforschung	2	ja	männlich
	Interviews Umweltforschung	25	nein	weiblich
	Interviews Umweltforschung	26	nein	weiblich
	Interviews Umweltforschung	27	nein	weiblich
	Interviews Umweltforschung	28	nein	männlich
	Interviews Umweltforschung	29	nein	männlich
	Interviews Umweltforschung	30	nein	männlich
	Interviews Umweltforschung	33	nein	männlich
	Interviews Umweltforschung	35	nein	weiblich
	Interviews Umweltforschung	36	nein	weiblich

Im **quantitativen Bereich** unterscheidet MAXQDA zwischen Dokumentvariablen, die sich auf das gesamte Dokument beziehen (das sind bspw. die Merkmale einer Person, mit der man ein offenes Interview geführt hat) und Codevariablen, die sich auf Teile eines Dokuments beziehen (das sind bspw. die Merkmale von Teilnehmer_innen einer Fokusgruppe). Auf diese Weise lassen sich die sozio-demographischen Merkmale der verschiedenen Teilnehmer_innen einer Fokusgruppe festhalten. Später kann bei der Auswertung gezielt auf diese Daten der Teilnehmenden zugegriffen werden, etwa weil man wissen will, was bspw. Frauen mit Kindern im Grundschulalter zu einem bestimmten Thema in der Gruppendiskussion gesagt haben. Ein solcher Zugriff auf die sozio-demographischen Daten einzelner Teilnehmer_innen einer Gruppendiskussion wäre nicht möglich, wenn sich die Daten immer nur auf die Ebene des Gesamttextes beziehen würden.

Für die **quantitativen Daten** lassen sich die absoluten und relativen Häufigkeiten berechnen sowie entsprechende visuelle Darstellungen in Form von Kreis-, Balken- oder Säulendiagrammen anfertigen. Um komplexere statistische Verfahren einsetzen zu können, lässt sich die gesamte Variablenmatrix zu einer Statistiksoftware exportieren. Die Resultate statistischer Verfahren – etwa die im Anschluss an eine Faktorenanalyse berechneten Faktorwerte oder die Zugehörigkeit zu einem Cluster aufgrund einer vorgenommenen Clusteranalyse – lassen sich anschließend wiederum in MAXQDA re-importieren.

Die **qualitativen Daten** werden von MAXQDA in der Liste der Dokumente verwaltet. Es kann sich dabei um alle in Kapitel 3 aufgeführten Datenarten handeln, also um Texte, PDF-Dokumente, Tabellen, Bilder sowie Audio- und Videodateien. Die Daten können in Dokumentgruppen und für Auswertungen temporär zusammengestellten Dokumentsets verwaltet werden. Alle Daten eines Mixed-Methods-Projekts, d.h. die qualitativen und quantitativen Originaldaten, die Kategorien und Subkategorien, die vorgenommenen Codierungen, die Kommentare und Memos, Kategoriendefinitionen und die erstellten Concept-Maps werden in einer einzigen Projektdatei verwaltet. Spezielle Teamworkfunktionen erlauben, dass mehrere Forscher_innen die Daten arbeitsteilig bearbeiten können, zum Beispiel Interviewtexte codieren und Memos anfertigen. Eine Reihe von Funktionen ermöglichen die Transformation von qualitativen in quantitative Daten. Für statistische Analysen lassen sich die quantitativen Daten als Tabellen im XLS oder XLSX-Format exportieren, sodass diese mit Statistiksoftware analysiert werden können. Über diese Schnittstelle können auch quantitative Daten importiert und mit den qualitativen Daten verlinkt werden.

Integrative Darstellungen der Ergebnisse von QUAL und QUANT

Die im Kapitel 3 beschriebenen Basisfunktionen von QDA-Software stellen sozusagen die Werkzeugkiste dar, die eine Vielzahl von Werkzeugen enthält, mit der sich integrative Datenanalysen von qualitativen und quantitativen Daten konzipieren und effektiv durchführen lassen. Die Art der integrativen Analyse, die man durchführen kann, ist erstens abhängig vom gewählten Design und zweitens vom Typ der erhobenen Daten; insbesondere ist es entscheidend, ob man qualitative und quantitative Daten der gleichen Personen bzw. Fälle erhoben hat oder ob man mit gesonderten Stichproben arbeitet.

Wenn man mit gesonderten Stichproben arbeitet, kann die QDA-Software die integrative Analyse dadurch wirksam unterstützen, dass Querverbindungen zwischen den Ergebnissen bzw. den Forschungsberichten der beiden Studientypen hergestellt werden. Dabei gibt es zwei Möglichkeiten, die Forschungsergebnisse miteinander zu verbinden: Erstens können korrespondierende Resultate bzw. Themen der beiden Teilstudien miteinander verlinkt werden und zweitens können für interessierende Themenbereiche Kategorien definiert und die jeweiligen Textpassagen beider Ergebnisberichte (Reports) entsprechend codiert werden.

Integrative Analyse mithilfe von Hyperlinks

Wenn man die beiden Studienteile auf der Ebene der Forschungsberichte mittels Hyperlinks verbinden will, müssen die beiden Reports als DOC- oder PDF-Datei vorliegen. Es lassen sich dann Anker- und Zielpunkte von Hyperlinks so setzen, dass korrespondierende Ergebnisse direkt miteinander verknüpft werden. Hat man diese Vorarbeit des Verlinkens geleistet, gelangt man mit einem einfachen Klick jeweils von den Ergebnissen der quantitativen zu denen der qualitativen Studie. Dies ist eine Technik, die vor allem bei sehr knappem Zeitbudget Vorteile hat, denn mittels der lexikalischen Suchfunktionen lassen sich thematisch einschlägige Textstellen aufgrund von Suchwörtern oder Wortkombinationen schnell finden und verbinden. Für eine solche integrative Analyse ergibt sich folgender Workflow:

1. Beide Forschungsberichte bzw. Ergebniszusammenstellungen in die QDA-Software importieren.
2. Mithilfe der lexikalischen Suchfunktionen nach Schlüsselwörtern für bestimmte Themen, die man vergleichen möchte, suchen.
3. Die Fundstellen inspizieren und mit Hyperlinks verbinden.

4. Verlinkte Textstellen systematisch miteinander vergleichen.
5. Ggf. Meta-Inferenzen in einem zugehörigen Memo festhalten.
6. Integrativen Report auf der Grundlage der geschriebenen Memos schreiben. Aussagekräftige Zitate aus den Reports kopieren und in die Endfassung einfügen.

Auf diese Weise kommt man in erstaunlicher Geschwindigkeit zu respektablen Resultaten. Steht mehr Zeit für die integrative Analyse zur Verfügung, ist es allerdings sinnvoller, thematische Kategorien zu definieren und diese Themen in den Reports zu codieren.

Integrative Analyse mittels thematischem Codieren

Bei der integrativen Analyse der Ergebnisse von qualitativer und quantitativer Studie besitzt das **thematische Codieren** den Vorteil, dass dies die Nutzung der Retrievaltechniken von QDA-Software ermöglicht. Unter Retrievaltechniken versteht man die Fähigkeit, codierte Textpassagen des gleichen Codes auch aus großen Textmengen – unter Umständen unter Berücksichtigung von komplexen Filterbedingungen – automatisch wiederzufinden und in einer Liste oder in einer Tabelle zusammenzustellen. Hierdurch wird die Kontrastierung von Textstellen beider Ergebnisberichte in tabellarischen Gegenüberstellungen ermöglicht; zudem können zu Themen, die in den Berichten ausführlich dargestellt sind, Summarys durch die Forschenden erstellt werden. Diese werden von MAXQDA mit der Funktion „Summary Grid" erstellt und verwaltet. Sie lassen sich zu übersichtlichen „Summary-Tabellen" zusammenstellen, in welchen die Ergebnisse der qualitativen und quantitativen Studie, bezogen auf bestimmte Themen, direkt miteinander verglichen werden. Für dieses thematisch fokussierte „Aufschließen" der Berichte kann man sich die lexikalischen Suchfunktionen zunutze machen, d.h., man sucht nach bestimmten thematischen Schlüsselwörtern, inspiziert die Fundstellen und codiert diese, wenn sie inhaltlich aussagekräftig sind.

Der Workflow beim Arbeiten mit thematischem Codieren ist etwas umfangreicher als bei Nutzung von Hyperlinks und sieht folgendermaßen aus:

1. Beide Forschungsberichte bzw. Ergebniszusammenstellungen in die QDA-Software importieren.

2. Festlegen, welche Themen in der integrativen Analyse bearbeitet werden sollen.
3. Lesen der Texte und nach einschlägigen Textpassagen suchen. Bei großen Textmengen optional: Mithilfe der Suchfunktionen nach Schlüsselwörtern für diese Themen suchen.
4. Die entsprechenden Textstellen mit den entsprechenden thematischen Kategorien codieren. Bei Nutzung der Suchfunktionen zunächst die Fundstellen inspizieren und entscheiden, ob sie thematisch einschlägig sind.
5. Zusammenstellen der Textstellen, die mit der gleichen thematischen Kategorie codiert wurden (Text-Retrieval).
6. Je nach Umfang des Materials optionales Schreiben von thematischen Summarys.
7. Erstellen von Tabellen und ggf. von Summary-Tabellen, in denen die Resultate von qualitativer und quantitativer Studie kontrastiert werden.
8. Meta-Inferenzen in zugehörigen Memos festhalten.
9. Integrativen Report schreiben – Grundlage sind die im Laufe der Auswertung verfassten Memos, die Segment-Matrix für ausgewählte Themen, ggf. die Summarys bzw. Summary-Tabellen (falls man diese Option genutzt hat) und die den Forschungsberichten und Tabellen entnommenen Zitate.

Die Vorgehensweise ähnelt derjenigen beim Erstellen von Literatur-Reviews, in denen man den gegenwärtigen Forschungsstand zu einem bestimmten Thema darstellt (vgl. Nagy Hesse-Biber, 2010: 35-39). Diese Variante der integrativen Auswertung der Forschungsergebnisse beider Methodenstränge ist besonders dann zu empfehlen, wenn die Daten sorgfältig und tiefgehend ausgewertet werden sollen. Dies ist prototypisch bei Dissertationen der Fall, aber auch bei finanziell gut ausgestatteten Drittmittelprojekten. Bei Mixed-Methods-Studien mit Paralleldesign, deren Motivation primär Triangulation ist, stellt diese Arbeitsweise geradezu den Königsweg dar. Bei Triangulationsdesigns ist es ja zwingend, dass die beiden Studien unabhängig voneinander durchgeführt und nur die Endresultate zum Zwecke der Validierung miteinander verglichen werden. Das funktioniert mit dieser Technik in optimaler Weise.

Transformation: Quantifizierung und Qualifizierung

Transformation von Codehäufigkeiten in eine intervallskalierte Variable

Das Codieren von Textstellen stellt einen Akt der Klassifikation dar und erzeugt dadurch quasi automatisch auch quantitative Informationen. Zur Erläuterung betrachte man die Abbildung 12, bei der es sich um ein hierarchisches Kategoriensystem handelt, das wir im Rahmen der Datenauswertung eines Projektes „Individuelle Wahrnehmung des Klimawandels – Die Diskrepanz zwischen Wissen und Handeln" gebildet haben. Hinter jeder Kategorie ist jeweils die Anzahl der mit dieser Kategorie oder Subkategorie codierten Segmente angegeben. Man erkennt beispielsweise, dass im Bereich der Hauptkategorie „WP-Größte Weltprobleme" für die Subkategorie „NA Natur und Umwelt" 29 und für die Kategorie „WI Wirtschaft" 9 codierte Textstellen existieren. Auch für die Texte werden entsprechende Angaben über die Zahl der in diesem Text codierten Segmente angezeigt. Der im linken Fenster abgebildeten Liste der Dokumente kann man etwa entnehmen, dass im Interview Nr. 2 insgesamt 16 Textstellen codiert wurden.

Abb. 12: Information über die Anzahl codierter Textstellen

Dokumente	450
Interviews Umweltforschung	450
1	12
2	16
3	16
4	13
5	20
6	12
7	24
9	14
10	20
11	18
13	23
16	11
17	17
19	13

Liste der Codes	
Codesystem	450
Gliederung Interviews	0
WP - Größte Weltprobleme	0
NA Natur und Umwelt	29
WI Wirtschaft	9
PO Politik	13
SO Soziales	22
GE Gesellschaft, Kultur, Religion	13
RE Ressourcen	11
SN Sonstiges	2
EI - Einflussnahme	50
KK - Konsum und Klima	43
DU - Ursachen für die Diskrepanz	39
POS - Eigene Position	33
VH - Verhalten	105
VER - Verantwortung	35

Diese Häufigkeitsangaben sind pro Text bzw. Kategorie aggregiert und geben als solche z.B. darüber Auskunft, welche Subkategorien sehr häufig und welche weniger häufig codiert wurden. So haben wir in dem oben erwähnten Projekt zur individuellen Wahrnehmung des Klimawandels in offenen

Interviews gefragt, welche globalen Probleme die Befragten für die aktuell größten halten. Direkt am Material wurden induktiv Subkategorien gebildet, sodass die angezeigten Häufigkeiten der Subkategorien Auskunft darüber geben, welche der Weltprobleme derzeit von den meisten der Befragten für die größten gehalten werden. In Abb. 12 zeigt ein Vergleich der Anzahl der codierten Segmente, dass der Problembereich „Natur und Umwelt" mit 29 Segmenten am häufigsten codiert wurde, gefolgt vom Bereich „Soziale Probleme" (22 codierte Segmente).

Da in einem Text mehrere Textstellen existieren können, die mit der gleichen Kategorie bzw. Subkategorie codiert wurden, muss man unterscheiden zwischen der Kategorienhäufigkeit, bezogen auf die codierten Segmente, und der Häufigkeit, bezogen auf die Texte, d.h. die Anzahl der Befragten.

Eine differenzierte Betrachtung kann nun darüber Aufschluss geben, welche Kategorien (Codes) bei welchem Text zugeordnet sind. Bei MAXQDA stellt die visuelle Darstellung des Code-Matrix-Browsers (CMB) solche fallbezogenen Informationen über die Kategorienhäufigkeiten dar: Pro Interview wird bspw. aufgeschlüsselt, welche Subkategorien im Interview codiert wurden. In Abb. 13 sind die Interviews Nr. 1 bis 9 in den Spalten des Code-Matrix-Browsers dargestellt und die Subkategorien der „größten Weltprobleme" in den Zeilen. Die kreisrunden Symbole zeigen an, dass der betreffende Code zugeordnet ist. Abb. 13 enthält eine binarisierte Darstellung, d.h., es wird nur dargestellt, ob der Code beim betreffenden Interview zugeordnet ist oder nicht. Deshalb sind alle Symbole in der Abbildung gleich groß. Bei einer nicht-binarisierten Darstellung zeigt die relative Größe der Symbole die Anzahl der entsprechenden Codierungen an. Die Graphik lässt sich folgendermaßen lesen: Während die befragte Person Nr. 1 die größten Probleme ausschließlich im Bereich „SO Soziales" sieht, benennt die Person Nr. 2 sechs Problembereiche, u.a. „NA Natur und Umwelt" und „PO Politik". Nur drei der in der Abbildung dargestellten Personen (Nr. 2, 5 und 7) sehen im Bereich „WI Wirtschaft" die größten aktuellen Weltprobleme, in zwei Fällen in Kombination mit den Problembereichen „SO Soziales" und „GE Gesellschaft, Kultur, Religion".

Abb. 13: Visualisierung der Kategorienhäufigkeiten aufgegliedert nach Texten

Code-Matrix-Browser

Codesystem	1	2	3	4	5
Gliederung Interviews					
WP - Größte Weltprobleme					
NA Natur und Umwelt		●	●		
WI Wirtschaft		●			●
PO Politik		●	●		
SO Soziales	●	●	●	●	
GE Gesellschaft, Kultur, Religion		●			
RE Ressourcen		●		●	
SN Sonstiges			●		

Der Code-Matrix-Browser lässt sich auch auf Zahlendarstellung (Anzahl der jeweils codierten Textsegmente) umschalten, doch lassen sich Auffälligkeiten in der Häufigkeitsverteilung bei der Darstellung von Symbolen wesentlich leichter erkennen. Die visuelle Darstellung kann sowohl horizontal wie vertikal aggregiert werden, d.h., es können Gruppen von Befragten gebildet werden (etwa nach Geschlecht oder Schulabschluss) und die Ebenen des hierarchischen Kategoriensystems nach oben aggregiert werden, d.h., die Subkategorien der Weltprobleme würden gewissermaßen „eingeklappt".

Wie lassen sich nun qualitative in quantitative Daten transformieren? Diese Umwandlung bewerkstelligt man für eine Kategorie mithilfe der Funktion „In Dokumentvariable transformieren"; sie geht so vonstatten, dass eine neue Variable im Bereich der quantitativen Daten gebildet wird, wobei der Name der Kategorie als Name der neuen Variable übernommen wird. Für jeden Text wird sodann als Variablenwert die Anzahl der in diesem Text entsprechend codierten Textstellen übernommen. Zur Veranschaulichung betrachte man Abb. 14: Hier wird die Subkategorie „NA Natur und Umwelt" in eine Variable transformiert. Resultat ist die neu in den Dateneditor eingefügte Variable gleichen Namens. Man sieht, dass die Interviews Nr. 1, 10 und 16 keine solche Codierung aufweisen, die Interviews Nr. 11 und 17 jeweils eine und das Interview Nr. 13 vier Codierungen.

Abb. 14: Transformierte Kategorienhäufigkeit als neue Variable

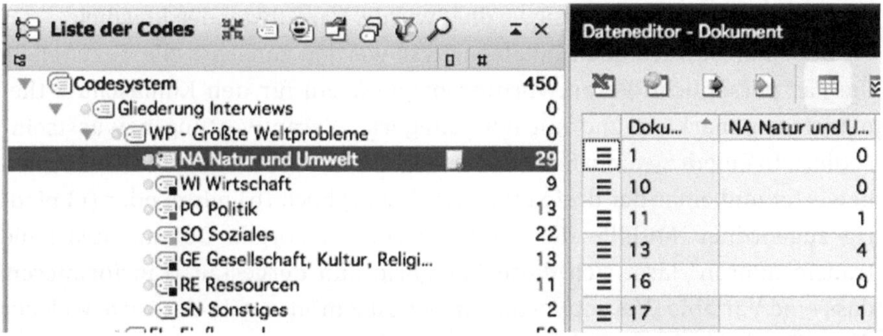

Durch Transformation erzeugte Variable haben die gleichen Eigenschaften wie alle Variablen, die im Rahmen der quantitativen Teilstudie erhoben wurden. Darüber hinaus besitzen sie Intervallskalenqualität, d.h., alle entsprechenden statistischen Prozeduren, wie etwa Korrelationsanalyse, Faktorenanalyse oder Varianzanalyse, sind möglich. Ein Variablenwert von 0 bedeutet, dass diese Kategorie beim betreffenden Text nicht vorkommt, hohe Variablenwerte bedeuten, dass diese Kategorie sehr häufig codiert wurde. Wenn kein Interesse an den exakten Häufigkeiten der Kategorien besteht, sondern es nur von Belang ist, ob eine bestimmte Kategorie überhaupt bei einer Person codiert wurde oder nicht, kann eine automatische Dichotomisierung der Variablenwerte vorgenommen werden. Diese bewirkt, dass nur noch zwischen „Kategorie vorhanden“ (Variablenwert = 1) und „Kategorie nicht vorhanden“ (Variablenwert = 0) unterschieden wird.

Transformieren von Kategorien mit Subkategorien in eine kategoriale Variable

Bei dem oben beschriebenen Verfahren geschieht die Transformation qualitativ-quantitativ immer so, dass der neue quantitative Wert der Anzahl der codierten Segmente beim jeweiligen Text entspricht bzw. dichotomisiert gleich 0 oder 1 ist. Für Kategorien mit sich wechselseitig ausschließenden Subkategorien kann auch eine andere Form von Transformation gewählt werden, bei der das Resultat eine kategoriale Variable ist, d.h., der neue

Wert besteht nicht aus einer Zahl, sondern aus der Bezeichnung der Subkategorie, die am häufigsten zugeordnet wurde. Dazu folgendes Beispiel:

Bei einer bewertenden Inhaltsanalyse werden zunächst alle Textstellen, die das persönliche Verantwortungsbewusstsein für den Klimaschutz thematisieren, markiert und mit der Kategorie „Verantwortungsbewusstsein“ codiert. In einem zweiten Schritt werden diese zuvor markierten Textstellen bewertet und einer der drei Subkategorien (a) hoch (b) mittel oder (c) niedrig zugeordnet. Mithilfe der Funktion „In kategoriale Dokumentvariable transformieren" lässt sich diese Kategorie nun dergestalt transformieren, dass eine Variable „Verantwortungsbewusstsein" neu gebildet wird, welcher dann für alle Befragten eine der drei Subkategorien automatisch zugewiesen wird. Hierbei werden für jeden Befragten die einschlägigen, mit „Verantwortungsbewusstsein“ codierten Textstellen automatisch durchlaufen und jene Subkategorie als Variablenwert zugewiesen, die bei dieser Person am häufigsten codiert wurde. Wenn zwei Subkategorien die gleiche Häufigkeit aufweisen, wird der Variablenwert gleich „nicht definiert" gesetzt und die Forschenden müssen die betreffenden Textstellen inspizieren und dann entscheiden, welche Bewertung die angemessene ist.

Auch für große Fallzahlen ist dieser Transfer von qualitativen zu quantitativen Daten schnell, effektiv und hoch reliabel realisierbar. Der umgekehrte Weg der „Qualifizierung“ („qualitizing“), also des Transfers quantitativer standardisierter Daten in qualitative Daten, ist demgegenüber ungewohnter, aufwendiger und auch weniger reliabel. Er wird technisch am besten so realisiert, dass man die interessierenden Variablenwerte einer Person inspiziert, metrische Variablen zu Kategorien gruppiert und dann einen Text formuliert, der die Merkmale der betreffenden Person verbalisiert, d.h. in einen verständlichen, lesbaren Fließtext verwandelt. Dieser Text kann dann mit den qualitativen Daten der gleichen Person einer gemeinsamen integrativen Analyse unterzogen werden, d.h., hier vollzieht sich die integrative Analyse nur im Bereich der qualitativen Analyse.

Konfiguration von qualitativen Themen und Kategorien

Die Konfigurationstabelle ist eine Analysefunktion von MAXQDA, mit der sich die Frage beantworten lässt, wie häufig ausgewählte Kategorien gemeinsam in einem Dokument vergeben wurden. Die Ergebnisausgabe besteht aus zwei Ergebnistabellen, einer aggregierten und einer detaillierten Konfigurationstabelle. Die aggregierte Konfigurationstabelle enthält als Spalten die ausgewählten Codes, ergänzt um die beiden Spalten „Häufigkeit" und „Prozent". Jede Zeile enthält eine in den Daten vorkommende Kombinationsmöglichkeit der Kategorien. Abb. 15 zeigt die aggregierte Ergebnistabelle für die Kombination von drei Bereichen der größten Weltprobleme, und zwar „NA Natur und Umwelt", „SO Soziales" und „GE Gesellschaft, Kultur, Religion". Am häufigsten, nämlich bei 9 der 34 Interviews, kommt die Kombination „NA Natur und Umwelt" und „SO Soziales" vor, umgekehrt gibt es nur eine Person, die die größten Weltprobleme ausschließlich im Bereich „GE Gesellschaft, Kultur, Religion" lokalisiert. In der Spalte „Häufigkeit" lässt sich also jeweils ablesen, wie viele Dokumente es (unter den ausgewerteten) gibt, in denen die betreffende Konfiguration der Kategorien vorkommt; der letzten Zeile ist zu entnehmen, wie viele Dokumente überhaupt ausgewertet wurden - in der Abb. 15 sind es 34.

Abb. 15: Beispiel einer Konfigurationstabelle mit drei Kategorien

Konfigurationstabelle

8 (8) Kombinationen

	NA Natur und U...	SO Soziales	GE Gesellschaft...	Häufigkeit	Prozent
◆			■	1	2,94
◆		■	■	1	2,94
◆	■		■	2	5,88
◆				2	5,88
◆		■		3	8,82
◆	■			8	23,53
◆	■	■	■	8	23,53
◆	■	■		9	26,47
Σ				34	100,00

In der oberen rechten Ecke findet man die Information, wie viele Kombinationen tatsächlich in den ausgewerteten Dokumenten vorkommen und – dahinter in Klammern – wie viele es theoretisch hätte geben können. Im obigen Beispiel steht „8 (8)", d.h., alle acht theoretisch möglichen Kombinationen (bei drei Kategorien sind rechnerisch 2 hoch 3 gleich 8 Kombinationen möglich) kommen auch in den Daten vor. Wie häufig eine Kategorie in den Dokumenten jeweils vergeben wurde, spielt bei der Konfigurationstabelle keine Rolle – relevant ist nur, ob eine Kategorie codiert wurde.

Die Detailansicht der Konfigurationstabelle gibt für jedes in der Analyse berücksichtigte Dokument aus, welche Kombination von Kategorien das jeweilige Dokument aufweist. Die Tabelle besteht folglich aus so vielen Zeilen, wie Dokumente bei der Analyse berücksichtigt wurden.

Joint Displays: Integrative Darstellungen von qualitativen und quantitativen Daten

Der folgende Abschnitt beschäftigt sich mit der Form der integrativen Analyse, die einen besonders großen Gewinn für die Mixed-Methods-Forschung verspricht, nämlich den sogenannten Joint Displays (integrative Darstellungen). John Creswell definiert diese folgendermaßen:

> „A joint display is a figure or table in which the researcher arrays both quantitative and qualitative data so that the two sources of data can be directly compared. In effect, the display merges the two forms of data. Researchers using a joint display need to decide on the dimensions to be considered and the specific information to be compared across the dimensions." (Creswell & Plano Clark, 2011: 226)

Es geht also darum, beide Datenarten in einer *gemeinsamen Darstellung* – sei es nun eine Tabelle, ein Diagramm oder eine Concept-Map – zusammenzubringen. Dieses kann eine doppelte Funktion haben, zum einen ist ein solches Joint Display ein diagnostisches Hilfsmittel, d.h., hier können Beziehungen untersucht werden und es werden möglicherweise Zusammenhänge erstmals sichtbar. Zum anderen kann ein Joint Display auch der Darstellung und Präsentation von Zusammenhängen dienen und ist als solches geeignet für den Abdruck in Forschungsberichten oder auch als Abbildung auf Postern über das Forschungsprojekt und seine Ergebnisse.

Vorausgesetzt, dass man qualitative und quantitative Daten für die gleiche Stichprobe erhoben hat bzw. dass es zumindest eine Teilgruppe gibt, für die beide Datenarten vorhanden sind, kann dadurch eine besondere Stärke des Mixed-Methods-Ansatzes realisiert werden, nämlich Mixing in verschiedenen Phasen eines Projektes zu praktizieren, Datenintegration zu betreiben, und dies nicht erst am Ende eines Projektes, wenn qualitative und quantitative Daten bereits unabhängig voneinander fertig analysiert wurden. Bei Ansätzen, in denen es primär um Triangulation geht, kommt dieser Vorteil natürlich nicht zum Tragen.

Eine wichtige Grundlage für die Joint Displays ist neben der oben beschriebenen Möglichkeiten der Transformation qualitativer in quantitative Daten (und vice versa) die Fähigkeit der QDA-Software, die quantitativen Daten als Selektionskriterium für die qualitativen Daten zu benutzen. Mithilfe von sog. selektiven Retrievals kann man beispielsweise die Äußerungen der Befragten zu einem bestimmten Thema wie „Beeinflussbarkeit der größten Weltprobleme" nur für eine bestimmte Gruppe (bspw. Personen mit Hauptschulabschluss) ausgeben lassen und diese Gruppe mit anderen Bildungsabschlüssen kontrastieren. Auch die Formulierung komplexer Selektionskriterien wie „Männer über 25 Jahre mit Monatseinkommen über 3.000 Euro" ist möglich.

Prinzipiell sind zahlreiche Arten von Joint Displays mit sehr unterschiedlichen Funktionen denkbar und werden auch in der Mixed-Methods-Literatur beschrieben (Creswell, 2014a: 84-87). Im Folgenden werden einige ausgewählte Formen beschrieben:

1. **Display Themen (QUAL) mal kategoriale Variablen (QUANT).** Hier werden die qualitativen Daten differenziert für bestimmte Gruppen von Befragten tabellarisch gelistet. Dazu werden die Variablen der quantitativen Studie herangezogen. Vergleiche mit metrischen Variablen erfordern, dass zunächst eine Gruppierung der betreffenden Variablen vorgenommen wird. Diese Form von Joint Display wird unten näher beschrieben. Sie lässt sich bei den meisten Designformen anwenden.

2. **Side-by-Side-Display.** Diese Form von Joint Display hat zwei Einsatzbereiche: Erstens kann es, wie oben in Kapitel 3 beschrieben, für einen tabellarischen Vergleich bzw. eine Gegenüberstellung der Resultate von QUAL und QUANT genutzt werden. Dies geschieht bevorzugt in parallelen Forschungsdesigns, insbesondere in solchen des Triangulationstyps, in welchem ein unmittelbarer Vergleich der Ergebnisse angestrebt wird. Der zweite Anwendungsbereich dieses Displays ist eine detaillierte Darstellung des oben beschriebenen *Themen (QUAL) mal kategoriale Variablen (QUANT) Displays.*
3. **Display qualitative Typologie und quantitative Daten.** Zunächst wird als Resultat der qualitativen Analyse eine Typologie entwickelt und die Forschungsteilnehmenden werden jeweils einem Typ zugeordnet. Die Daten der quantitativen Studie werden nun differenziert für die gebildete Typologie ausgewertet. Diese Form des Joint Display wird unten als Typologietabelle ausführlicher dargestellt.
4. **Planungsdisplay für die Bestimmung einer Stichprobe für die qualitative Studie.** Dies ist im Rahmen einer sequenziellen Studie anwendbar, und zwar in einer qualitativ-vertiefenden Studie, in der mit einem quantitativen Survey begonnen wurde. Das Display basiert also nur auf der quantitativen Studie. In Bezug auf die wichtigsten Ergebnisse versucht man, unterschiedliche Gruppen und ihre zentralen Merkmale zu identifizieren. Für die sich anschließende qualitative Studie wird auf dieser Grundlage ein „purposive Sample" gebildet, d.h., es werden Forschungsteilnehmende gesucht, die genau diese Charakeristika besitzen. Wenn der Umfang der Gruppe und die Mitglieder der Grundgesamtheit bekannt sind, kann natürlich auch eine Zufallsstichprobe gezogen werden. Dazu ein Beispiel: Man habe im Rahmen einer Evaluation eines Studiengangmoduls alle Studierenden eines Jahrgangs mittels Online-Erhebung befragt. Ein Teil des Fragebogens enthält Items, die auf die Ermittlung des Lerntyps zielen. Einen der in der Auswertung der Daten identifizierten Lerntypen bezeichnet man als „Selbstlernende". Nun sollen Vertreter_innen der verschiedenen Lerntypen im zweiten Teil der Mixed-Methods-Studie mittels offener Interviews erneut intensiver zum Thema Lernen befragt werden. Hier ist aufgrund der quantitativen Stu-

die bekannt, wie groß die Gruppe der „Selbstlerner" ist und das qualitative Sample kann als Zufallsstichprobe gezogen werden. Voraussetzung ist natürlich, dass die Studierenden freiwillig ihre E-Mail-Adresse angegeben haben.

5. **Vertiefungsdisplay.** Dieses ist primär für qualitativ-vertiefende sequenzielle Studien anwendbar, d.h., wenn zuerst eine quantitative Studie durchgeführt wurde. Ein Zusammenhang, unter Umständen auch nur die Verteilung einer Variablen, wird zum Ausgangspunkt genommen. Den Befunden der quantitativen Studie werden dann in einer tabellarischen Darstellung die mit der entsprechenden thematischen Kategorie codierten detaillierten Äußerungen der qualitativen Studie zur Seite gestellt. Die Darstellung ähnelt dem unter Punkt 1 beschriebenen *Themen (QUAL) mal kategoriale Daten (QUANT) Display.*
6. **Korrespondenzdisplay.** Dieses empfiehlt sich für Mixed-Methods-Studien, bei denen zunächst eine qualitative Studie mit dem Ziel der Entwicklung eines standardisierten Fragebogens für die folgende Studie stattfindet. Hierbei handelt es sich also um die klassische qualitative Vorstudie. Das Joint Display zeigt auf, mit welchen Themen, Kategorien und Textsegmenten der qualitativen Daten die formulierten Items und gebildeten Skalen des für die zweite Projektphase konzipierten standardisierten Fragebogens in Zusammenhang stehen.
7. **Generalisierungsdisplay.** Dies ist ebenfalls für Designs des sequenziellen Typs geeignet, bei denen zuerst eine qualitative Studie durchgeführt wurde und nun mittels quantitativer Studie überprüft wird, ob sich das Ergebnis verallgemeinern lässt. Beispielsweise zeigt das Ergebnis unserer qualitativen Studie zur individuellen Wahrnehmung des Klimawandels, dass die meisten der Forschungsteilnehmenden Natur- und Umweltprobleme für die derzeit größten Weltprobleme hielten, während wirtschaftliche Probleme von weitaus weniger Personen benannt wurden. Mittels eines repräsentativen Surveys ließe sich das Ergebnis überprüfen. Gleiches gilt für komplexere Ergebnisse, so zeigte sich in einer qualitativen Studie mit kleinem Sample, dass der Typ „Umweltignorant" mit gering ausgeprägtem Umweltbewusstsein und wenig umweltgerechtem Verhalten nur selten anzutreffen war. Auch hier könnte

ein Survey mit großer Fallzahl genaue Zahlenangaben liefern und diesen Befund bestätigen oder widerlegen.

Weitere Formen von Joint Displays sind bei Creswell & Plano Clark (2011: 223 ff.) und Guettermann, Creswell & Kuckartz (2014, im Druck) beschrieben. Im Folgenden werden drei der oben erwähnten sieben Formen von Joint Displays ausführlicher dargestellt, und zwar:

	Art des Joint Displays	*Bezeichnung in MAXQDA*
1	Display Themen (QUAL) mal kategoriale Variablen (QUANT)	Kreuztabelle
2	Side-by-Side-Display	Segment-Matrix
3	Display qualitative Typologie und quantitative Daten	Typologietabelle

Kreuztabelle: Themen mal kategoriale Variablen

In MAXQDA lassen sich mittels Kreuztabellen verschiedene Gruppen aufgrund ihrer Variablenwerte (QUANT) in Bezug auf ihre qualitativen Daten vergleichen, etwa bzgl. ihrer Aussagen zu bestimmten Themen und Kategorien. Beispielsweise kann man nach Geschlecht differenzieren, nach Bildungsgrad unterscheiden oder generell nach Charakteristika, die den persönlichen Background und individuelle Attribute und Merkmale betreffen. Die folgende einfache Kreuztabelle differenziert nach Geschlecht. Sie enthält die Daten der 30 Befragten zu den Subkategorien der Kategorie „WP-Größte Weltprobleme". Was besagen die Zahlen in der Tabelle? Bei den weiblichen Befragten halten 94%, bei den Männern hingegen nur 69% Natur- und Umweltprobleme für die derzeit größten. Bei den Männern liegt der Problembereich „Soziales" auf dem ersten Platz: 85% der Männer (Frauen 53%) halten solche Probleme für die aktuell größten.

In der abgebildeten Kreuztabelle werden die Prozente bezogen auf die Männer und Frauen dargestellt. Die Anzeige lässt sich auf Zeilenprozente und absolute Häufigkeiten umschalten; auch kann für die Berechnungen zwischen der Bezugsgröße „codierte Segmente" und „Dokument" gewählt werden. In der Abbildung 16 ist als Bezugsgröße *Dokument* gewählt, bei ersterem würde die obige Tabellen Angaben dazu enthalten, wie viele codierte Segmente mit der jeweiligen Subkategorie codiert wurden.

Abb. 16: Kreuztabelle mit auf die Spalten bezogenen Prozentangaben

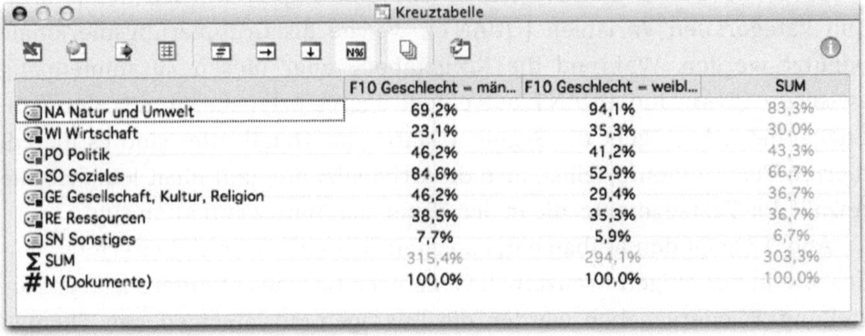

Kreuztabelle

	F10 Geschlecht - män...	F10 Geschlecht - weibl...	SUM
NA Natur und Umwelt	69,2%	94,1%	83,3%
WI Wirtschaft	23,1%	35,3%	30,0%
PO Politik	46,2%	41,2%	43,3%
SO Soziales	84,6%	52,9%	66,7%
GE Gesellschaft, Kultur, Religion	46,2%	29,4%	36,7%
RE Ressourcen	38,5%	35,3%	36,7%
SN Sonstiges	7,7%	5,9%	6,7%
Σ SUM	315,4%	294,1%	303,3%
# N (Dokumente)	100,0%	100,0%	100,0%

Auf Seiten der quantitativen Daten können alle vorhandenen Variablen für derartige Kreuztabellen genutzt werden, metrische Variablen müssen zuvor allerdings in eine überschaubare Anzahl von Gruppen kategorisiert werden. Variablen können auch kombiniert werden (bspw. Geschlecht und Alter, nur weibliche Befragte über 40 Jahre) und Variablenwerte können zusammengefasst werden (bspw. Bildungsabschluss mindestens Realschule). Besonders interessant ist die QUAL-QUANT-Verbindung, wenn auf vorherige komplexe statistische Analysen aufgebaut wird. So lassen sich die Residuen einer Regressionsanalyse oder die Clusterzugehörigkeiten bei einer Clusteranalyse als gruppierende Merkmale nutzen.

Bei der MAXQDA-Funktion Kreuztabelle handelt es sich um eine interaktive Funktion, d.h., dass die hinter den Zahlen liegenden Originalaussagen stets greifbar sind. Ein Klick auf eine bestimmte Zelle der Kreuztabelle bewirkt, dass die zugehörigen codierten Textsegmente zusammengestellt werden. Es lässt sich also sofort im Original nachlesen – ggf. auch nachhören (sofern die Audio-Datei mit dem Transkript gespeichert wurde) – was von den befragten Frauen zum Thema „Natur und Umwelt" als größtem Weltproblem gesagt wurde. Ein solcher Rückgriff auf verbale Erklärungen bietet die Chance zu einem besseren Verständnis der quantitativen Ergebnisse.

Segment-Matrix: Side-by-Side-Display

Eine weitere Form von Joint Displays stellt die Segment-Matrix oder Quote-Matrix dar. Sie basiert auf der gleichen Idee wie die oben beschriebene Kreuztabelle, d.h., es handelt sich um ein Joint Display von Themen (QUAL) und kategorialen Variablen (QUANT), welche als Gruppierungsmerkmale benutzt werden. Während die Kreuztabelle aber diesen Zusammenhang zwischen QUAL und QUANT auf einem aggregierten Level, d.h. der Fall-Ebene, betrachtet, geht die Segment-Matrix ins Detail: Hier sind es die codierten Textsegmente selbst, also die Originalzitate, und nicht lediglich die Anzahl der Textsegmente, die in den Zellen der Matrix enthalten sind.

Abb. 17 zeigt den Aufbau einer solchen Segment-Matrix. Hier erfolgt ähnlich wie in der obigen Kreuztabelle eine nach Geschlecht differenzierte Darstellung. Wiedergegeben werden die Aussagen zu verschiedenen Themen (hier zur Kategorie „Verantwortung"). Am Ende jedes Segments erfolgt die Angabe der Quelle, z.B. stammt das erste Textsegment in der Spalte der männlichen Befragten aus dem Text Nr. 1 Absatz 20 (Dokumentgruppe: Interviews Umweltforschung).

Abb. 17: Segment-Matrix: Äußerungen der Befragten zum Thema Verantwortung aufgegliedert nach Geschlecht

A	B	C
	F10 Geschlecht=männlich	**F10 Geschlecht=weiblich**
VER - Verantwortung	I: Dann möchte ich gerne noch wissen ob du Verantwortung verspürst dich mit den Problemen des 21. Jahrhunderts auseinanderzusetzen? Nicht nur in Bezug auf Klimawandel. B: Ja, ich fühle da schon irgendwo Verantwortung. Ich meine, wenn ich dort irgendwo an irgendwelchen Plakaten vorbeilaufe und sehe dort irgendwelche Kinder aus Afrika, die gerne Spenden haben möchten, dann denke ich mir auch irgendwie, ja Mensch könnte man ja mal tun. Andererseits denke ich mir dann selbst, Mensch irgendwie brauche ich das Geld irgendwie selber und spende es dann doch nicht so gerne, was vielleicht irgendwie ein bisschen egoistisch ist. Aber ich fühle mich schon verantwortlich für die einzelnen Probleme. Ich denke, dass sollte auch jeder sich dafür verantwortlich fühlen. Aber wichtiger als sich verantwortlich zu fühlen ist natürlich dann auch wirklich dann im Endeffekt zu handeln und dort vielleicht auch als Vorbild voran zu gehen. I: Mit anderen Worten, du fühlst dich schon verantwortlich, aber wirklich handeln, das wäre dann der nächste Schritt? B: Ja, das wäre vielleicht irgendwann der nächste Schritt, wenn ich dafür vielleicht auch mehr Zeit und Muse und mehr Geld hätte. Weil es gibt ja nun genug Vorbilder, die das machen. Sei es nun irgendwelche Schauspieler oder irgendwelche Politiker die da schon mit gutem Beispiel teilweise voran gehen. Aber ich bin da noch nicht so ganz so von betroffen oder überzeugt. Interviews Umweltforschung\28 19-22 (0) B: Personell verantwortlich ja global verantwortlich nein. I: Kannst du das näher erläutern	I: Ok, gibt es denn sonst noch irgendwas, was du vielleicht korrigieren möchtest, oder wo du dich jetzt im Nachhinein (…) anders äußern würdest. Oder irgendwas, was du ergänzen möchtest? B: Ja, also durch das Interview (…) hab ich jetzt gemerkt, (…) dass ich mich vorher auch noch nicht so richtig damit befasst habe und dass ich das weiterhin tun sollte (…) und sicherlich auch (…) noch mal mein Verhalten (…) überdenken (…) soll. Zum Beispiel (…) mehr für die Umwelt tun und vielleicht mehr nach Informationen suchen, inwiefern sich die, unsere Umgebung ändert im negativen Sinne (…) und sich einfach mehr Gedanken drüber machen (…) was man dagegen tun sollte und vielleicht bewusster leben. (…) Also bewusster verzichten, bewusster Dinge wahrnehmen (…) ja. Also ich denke mal, das Interview hat mir jetzt auch noch so ein bisschen die Augen geöffnet… (I. unterbricht: „also so als Konfrontation … sozusagen") ja, genau; Konfron, Konfrontation (...) und ja ich find es auch nicht schlecht, wenn solche, ja solche Interviews vielleicht öfter durchgeführt werden, damit man (…) damit konfrontiert wird. Was man vielleicht noch tun kann, was man bis jetzt noch nicht getan hat, für die Umwelt (…) ja. Interviews Umweltforschung\23 54-55 (0) B: Ja. Aber es ist nicht so, dass ich täglich darüber nachdenken würde. Oder dass ich, morgens wenn ich aufstehe denke, ach der Kaffee, den ich trinke den hat die Frau in Ecuador angebaut. Also, da denk ich einfach nur daran, dass ich Kaffee will. Wenn ich, wie mit Dir jetzt gerade hier sitze und darüber reflektiere, oder an die Uni gehe, und mit solchen Thematiken mich auseinander setze, also ich denke, was ich vorhin erwähnt habe, es gibt ganz viele Dinge die bewusst ablaufen, und es gibt ganz viele Dinge die unbewusst ablaufen. Vielleicht sind die die unbewusst ablaufen überwiegend. Aber ich denke, auch allein wenn ich mir abends die Tagesschau angucke, dann setze ich mich bewusst damit auseinander. Aber jetzt weiß ich nicht, ob das die Frage war.

In der ersten Spalte der Segment-Matrix steht die Bezeichnung der Kategorie bzw. der Kategorien, deren Segmente in der Tabelle dargestellt werden. Die folgenden Spalten werden durch die Kategorien der kategorialen Variablen (QUANT) gebildet da. In der Abb. 17 werden nur die beiden Ausprägungen „männlich" und „weiblich" miteinander verglichen; es können aber prinzipiell auch mehr Ausprägungen in einer solchen Tabelle dargestellt werden.

Die Segment-Matrix ist eine nahezu universell einsetzbare Form von Joint Displays. Sie eignet sich nicht nur zum Vergleich von Gruppen, sondern ebenso um Extremfälle in einer vergleichenden Tabelle darzustellen. In Kombination mit der Möglichkeit der Transformation von qualitativen in quantitative Daten, kann sie auch zum direkten Vergleich der Originaldaten von qualitativ gebildeten Typen dienen. Die qualitative Typologie wird dann mittels der Transferfunktion „In Kategoriale Dokument-Variablen umwandeln" in den quantitativen Bereich transferiert und die verschiedenen Typen bilden dann die Spalten der Segmentmatrix. Hat man beispielsweise wie in der Marienthal-Studie vier Haltungstypen „Innerlich Ungebrochene", „Resignierte", „Verzweifelte" und „Verwahrlost Apathische" gebildet, so bilden diese Typen die vier Spalten und in den Zellen der Matrix stehen dann die Äußerungen der Befragten zu ausgewählten Themen.

Die Segment-Matrix erlaubt es auch, die Vergleiche der Ergebnisse von qualitativem und quantitativem Studienteil vorzunehmen, vorausgesetzt man hat die interessierenden Themen mittels thematischem Codieren in beiden Ergebnisberichten entsprechend erfasst. Die Ergebnisse können dann in einem Side-by-Side-Display dargestellt werden (Plano Clark et al., 2010). Die Segment-Matrix ist nicht auf zwei Spalten beschränkt, sodass auch bei Verwendung mehrerer Methoden in der gleichen Teilstudie (etwa Interviews und Gruppendiskussionen im qualitativen Bereich) sämtliche Ergebnisse vergleichend dargestellt werden können.

Typologietabelle: Nach Typologie aufgegliederte Variablenauswertung

Diese Funktion stellt eine Verbindung zwischen quantitativen Daten und kategorialen Variablen dar. Den Namen „Typologietabelle" führt diese Funktion aufgrund ihrer Fähigkeit, verschiedene Variablen und ihre Prozentanteile bzw. Kennwerte (Mittelwert und Standardabweichung) aufgegliedert für eine Typologie darzustellen. Anstelle einer qualitativen Typologie kann aber auch jede andere kategoriale Variable in den Spalten der Tabelle dargestellt werden. In der Methodenliteratur zu Mixed-Methods findet man ein gutes Beispiel für eine solche Typologietabelle in Creswell und Plano (2011: 292).

Der Aufbau einer Typologietabelle folgt dem Muster von Abb. 18. Im obigen Beispiel der Marienthal-Studie würden die vier Spalten also durch die vier Haltungstypen gebildet. Für die Darstellung in den Zeilen können Variable ausgewählt werden, die im Kontext der Typologie besonders interessant erscheinen. Zu unterscheiden sind nun zwei Variablentypen:

Bei **kategorialen Variablen** wählt man die interessierende Ausprägung aus, z.B. „mittlere Reife" bei der Variable Bildungsabschluss. In den Zellen der Typologietabelle wird dann die absolute und relative Häufigkeit bezogen auf den jeweiligen Typ dargestellt, also etwa der Prozentanteil der „Verzweifelten", die den Schulabschluss „mittlere Reife" besitzen. Horizontal lassen sich dann die vier Typen hinsichtlich der Verteilung dieser Ausprägung vergleichen.

Bei **metrischen Variablen** (etwa der Variable „Haushaltseinkommen in Euro") werden pro Zelle der Tabelle Mittelwert und Standardabweichung berechnet. So lässt sich ebenfalls durch horizontalen Vergleich der Zahlen in der Tabelle ermitteln, welcher Typ im Durchschnitt über ein besonders hohes oder niedriges Einkommen verfügt. Die in Klammern angegebene Standardabweichung ist ein Maß für die Streuung dieses Merkmals innerhalb des jeweiligen Typs. Es könnte bspw. vorkommen, dass eine Person eines bestimmten Typs aufgrund besonderer Umstände über ein sehr hohes Gehalt verfügt. Dies würde sich in einer auffällig hohen Standardabweichung niederschlagen.

Abb. 18: Prinzipieller Aufbau einer Typologietabelle

	Qualitative Typologie			
QUANT	**Typ A**	**Typ B**	**Typ C**	**Typ D**
Ausprägung einer kategorialen Variable	Absolute Häufigkeit (Prozentanteil)	Absolute Häufigkeit (Prozentanteil)	Absolute Häufigkeit (Prozentanteil)	Absolute Häufigkeit (Prozentanteil)
Intervallskalierte Variable	Mittelwert (Standard-abweichung)	Mittelwert (Standard-abweichung)	Mittelwert (Standard-abweichung)	Mittelwert (Standard-abweichung)
Weitere Variablen nach dem gleichen Prinzip				

Abb. 18 zeigt den prinzipiellen Aufbau einer Typologietabelle in MAXQDA: Die Spalten der Tabelle werden von der qualitativen Typologie gebildet und in den Zeilen finden sich ausgewählte Variablen aus der quantitativen Studie.

Bei den Zeilenvariablen, deren Werte differenziert für die gebildeten Gruppen berechnet werden, ist es notwendig, in MAXQDA den Typ der Variablen – entweder kategorial oder metrisch – anzugeben. Für metrische Variablen werden, wie oben dargestellt, Mittelwert und Standardabweichung berechnet und für kategoriale Variablen die absolute Häufigkeit und der

Prozentanteil der ausgewählten Kategorie ermittelt. Variablen mit dem Variablentyp „Fließkomma“ wird automatisch die Skalenqualität „metrisch“ und Stringvariablen die Skalenqualität „kategorial“ zugeordnet. Abb. 19 zeigt exemplarisch, wie eine solche Tabelle in MAXQDA aussieht. Um ein solches Joint Display zu erhalten, sind folgende Schritte zu durchlaufen:

1. ***Qualitative Typologie bilden:*** Im Projekt „Individuelle Wahrnehmung des Klimawandels“ befasste sich ein Teil des offenen Interviews mit der Frage der Verantwortungsübernahme. Die Interviewenden sollten nachdem über die größten Weltprobleme und ihre potenzielle Beeinflussbarkeit gesprochen wurde, die Frage stellen: „Spürst Du die Verantwortung Dich mit den Problemen des 21. Jahrhunderts auseinanderzusetzen?“ Die entsprechenden Aussagen wurden in der ersten Phase der Analyse mit der Hauptkategorie „Verantwortung“ codiert. Im Kontext des Interviewteils zum persönlichen Verhalten bzw. zu den Verhaltensintentionen haben wir eine aus drei Typen bestehende Typologie gebildet. Und zwar haben wir unterschieden: a) einen Typ, der ein starkes Verantwortungsbewusstsein entwickelt und dieses in der ersten Person formuliert, b) einen Typ, der zwar auch ein Gefühl der Verantwortung äußert, aber gleich in einen allgemeinen Duktus fällt und von „man“ oder „wir alle“ redet und c) einen Typ, der Verantwortung zurückweist oder nur ein sehr schwach ausgeprägtes Verantwortungsbewusstsein besitzt.
2. ***Typen als Subkategorien definieren und Texte erneut codieren:*** Nun wurden die Typen als Subkategorien der Hauptkategorie „Verantwortung“ definiert, und zwar „Verantwortung -> persönlich ICH“, „Verantwortung -> allgemein WIR“ und „Verantwortung -> kaum“. Alle Verantwortung betreffenden Textstellen wurden erneut durchgegangen und es wurde eine der drei Subkategorien zugeordnet.
3. ***Typologie in kategoriale Variable transformieren:*** Der nächste Schritt bestand in der Umformung der qualitativen Zuordnungen in eine kategoriale Variable mittels der Funktion „In kategoriale Variable transformieren“. Bei zwei Interviews war die automatische Zuordnung nicht eindeutig, d.h., hier war zunächst noch eine Entscheidung zu treffen, welche Zuordnung zu welchem Typ die angemessene ist. Für die Ent-

scheidungsfindung wurde auch der übrige Text des Interviews herangezogen und die Stellen des Interviews wurden ggf. entsprechend umcodiert.

4. ***Auswahl der quantitativen Variablen für die Typologietabelle:*** Als Nächstes erfolgte die Auswahl der Variablen, von denen man vermutete, dass sie mit der gebildeten Typologie in Zusammenhang stehen. Es wurden ausgewählt:

F6d Volle Zustimmung zum Statement „Deutschland soll im Klimaschutz Vorreiter sein"

F7 Man unterhält sich mit Freunden eher häufig über Probleme des Klimawandels

F8 Mitgliedschaft in einer Umweltschutz-NGO

F10 Weibliches Geschlecht

F11 Geburtsjahr

F12 Allein im Haushalt lebend

F13 Anzahl der Geschwister

5. ***Start der Funktion Typologietabelle:*** Nach Aufruf aus dem Menü „Mixed-Methods" wurde die Funktion „Typologietabelle" gestartet. Abb. 19 zeigt die Ausgabe.

Abb. 19: Typologietabelle: Vergleich von Variablenwerten für drei Typen von Verantwortungsbewusstsein

Typologietabelle

	... allg. WIR (N=15)	... pers. ICH (N=9)	...wortung – kaum (N=6)
F6d Deutschland als Vorreiter Klimaschutz: stimme voll u	6 (40.0)	5 (55.6)	2 (33.3)
F7 Unterhaltung über Klimawandel mit Freunden: eher häı	8 (53.3)	6 (66.7)	3 (50.0)
F8 Mitgliedschaft Umweltschutz NGO: ja, Anzahl (%)	0	3 (33.3)	1 (16.7)
F10 Geschlecht: weiblich, Anzahl (%)	10 (66.7)	5 (55.6)	2 (33.3)
F11 Geburtsjahr, Mittelwert (Stdabw.)	78.7 (12.1)	75.9 (14.8)	74.2 (14.9)
F12 Wohnunterkunft: allein, Anzahl (%)	2 (13.3)	1 (11.1)	3 (50.0)
f13 Geschwister, Mittelwert (Stdabw.)	1.3 (0.9)	2.3 (2.1)	1.3 (0.7)

Aus der Tabelle lässt sich zunächst die Verteilung der 30 Befragten auf die drei Gruppen entnehmen: Die meisten Befragten, nämlich 15, gehören dem Typ „Verantwortung → allgemein WIR" an, die beiden anderen Typen bestehen aus neun bzw. sechs Personen. Die Auswertung der Variablen aufgegliedert nach Typ zeigt einige Zusammenhänge, die es wert sind, näher betrachtet zu werden: Die Zustimmung zum Statement, Deutschland solle Vorreiter im Klimaschutz sein, ist in der Gruppe „Verantwortung → persönlich ICH" am höchsten (nämlich 55,6%), auch spricht man in dieser Gruppe häufiger mit Freunden über den Klimawandel, als in der Gruppe mit dem geringsten Verantwortungsbewusstsein. Diese Gruppe weist zudem mit 33,3% den geringsten Frauenanteil auf – es ist die einzige Gruppe, in der Frauen in der Minderheit sind. Die Zahl der Geschwister beträgt hier im Durchschnitt nur 1,3 – deutlich weniger als in in der Gruppe „Verantwortung -> persönlich ICH". Die hohe Standardabweichung in dieser Gruppe lässt allerdings vermuten, dass es dort Befragte mit sehr vielen Geschwistern gibt – eine Vermutung, die sich bei der Inspizierung der Daten in diesem Forschungsprojekt auch bestätigte.

Die in einer solchen Typologietabelle dargestellten Zusammenhänge können auch durchaus auf Zufälligkeit getestet werden. Für die kategorialen Variablen kann dies bspw. mit einem Chi-Quadrattest geschehen, für die intervallskalierten Variablen mit einem t-Test oder einer Varianzanalyse.

Kombination von qualitativer und diktionärsbasierter quantitativer Inhaltsanalyse

Interessant ist auch die bei MAXQDA bestehende Möglichkeit, qualitative und quantitative Analysestrategien bei der Analyse qualitativer Daten zu mixen. Hier findet das Mixen also nur in einem Strang der Studie statt. Solche Analysen werden häufig als „Mixed-Model-Analyse" bezeichnet (vgl. Kapitel 2), was zum Ausdruck bringen sollte, dass hier zwei verschiedene Analysemodelle, eines aus dem Spektrum qualitativer Methoden und eines aus dem Spektrum quantitativer Methoden, auf die gleichen Daten angewendet werden (siehe auch Creamer & Ghoston, 2013). Besonders interessant sind die Möglichkeiten, Techniken der qualitativen und der diktionärsbasierten quantitativen Inhaltsanalyse anzuwenden und die Ergebnisse miteinander zu vergleichen.

Die traditionelle quantitative Inhaltsanalyse (content analysis) arbeitet in ihrer computerunterstützten Form (CUI – Computerunterstützte Inhaltsanalyse) mithilfe von Diktionären, die eine automatische Vercodung ermöglichen. Diese Methode ist vor allem bei großen und sehr großen Textmengen hoch interessant und diese nehmen in vielen Wissenschaftsbereichen zu. Nicht nur in der Online-Forschung und Forschung über Social-Media, sondern vor allem in der Medien- und Kommunikationsforschung sind solche Verfahren hoch willkommen (Brosius et al., 2012: 161 ff.). Was bedeutet nun Diktionär? Hierbei handelt es sich um ein Wörterbuch, bestehend aus Kategorien und aus zugeordneten Wörtern oder Wortkombinationen, die als Indikatoren für eine Kategorie gelten. Dikionärsbasierte Inhaltsanalysen lassen sich mit dem MAXQDA-Modul MAXDictio durchführen. Abb. 20 zeigt eine Bildschirmabbildung: Im linken Fenster befinden sich die definierten Kategorien (Wirtschaft, Klimawandel, Religion etc.) und im rechten Fenster zugeordnete Suchbegriffe.

Abb. 20: Kategorien und zugeordnete Suchbegriffe bei einer diktionärsbasierten Inhaltsanalyse

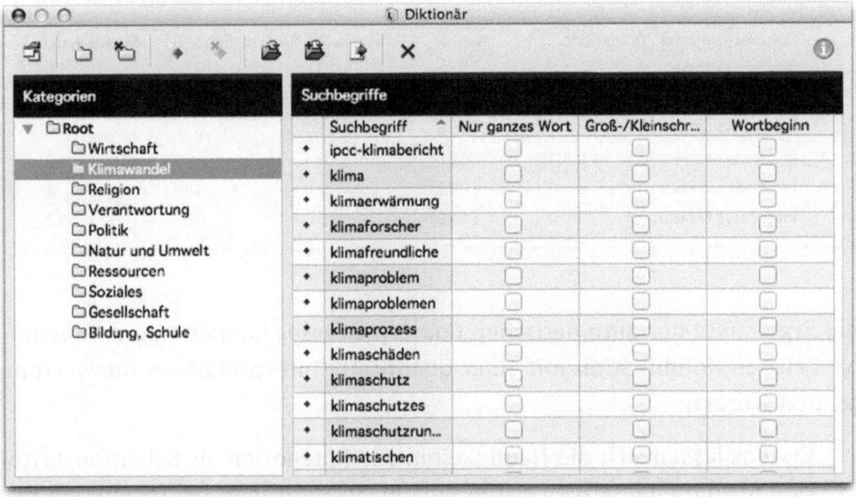

Der Kategorie Klimawandel wurden eine Vielzahl von Suchwörtern zugeordnet, z.B. ipcc-Klimabericht, Klima, Klimaerwärmung, Klimaforscher etc. Die Erstellung solcher Diktionäre ist natürlich arbeitsaufwendig. Sie geschieht am besten auf der Grundlage einer Häufigkeitswörterliste, die alle in den auszuwertenden Texten vorkommenden Wörter einschließlich ihrer Häufigkeit beinhaltet. Mithilfe sogenannter Stopp-Listen können alle für die Analyse uninteressanten Wörter, wie zum Beispiel die bestimmten und unbestimmten Artikel, die Präpositionen etc., von vornherein aus der Wortliste ausgeschlossen werden. Wenn der Diktionär einmal erstellt ist, lassen sich auch riesige Textmengen in großer Geschwindigkeit und perfekter Reliabilität analysieren. Als Ergebnis wird in einer Matrix festgehalten, wie häufig jede Kategorie pro Text bzw. pro Analyseeinheit vorkommt. In Abb. 21, einer Bildschirmabbildung von MAXDictio, erkennt man, dass beim Text Nr. 22 viermal „Wirtschaft" und 29mal „Klimawandel" codiert wurde.

Abb. 21: Resultat der diktionärsbasierten automatischen Codierung: Kategorienhäufigkeit pro Analyseeinheit

Ergebnis der MAXDictio-Codierung

Dokument — 30 Texteinheiten

	Dokumentgruppe	Dokument	Wörter	Wirtschaft	Bildung, Sch...	Klimawandel
◆	Interviews Umw...	1	1826	0	0	18
◆	Interviews Umw...	10	2946	11	1	14
◆	Interviews Umw...	11	1399	4	0	2
◆	Interviews Umw...	13	2621	6	4	9
◆	Interviews Umw...	16	2039	3	3	6
◆	Interviews Umw...	17	3599	25	8	12

Die Ergebnisse des automatischen Codierprozesses können nun auf mehrere Weise in Kombination mit einer quantitativ-interpretativen Auswertung genutzt werden:

- Erstens lassen sich die Häufigkeiten der Kategorien als Selektionskriterien für die qualitativen Daten nutzen. So stellt man bei Inspektion der

Ergebnistabelle etwa fest, dass Person 17 vergleichsweise häufig über das Thema Wirtschaft spricht. Man kann sie nun gezielt auswählen und ermitteln, was genau sie zu diesem Thema sagt.

- Zweitens lassen sich Extremfälle kontrastieren und die Originalzitate (oder die von den Forschenden erstellten Summarys) in Form einer Segment-Matrix (siehe oben) in einer tabellarischen Gegenüberstellung listen. Im obigen Beispiel spricht Person 17 sehr häufig über Wirtschaftsthemen, Person 1 hingegen nie. Was sagen diese beiden Personen zum Thema „Verantwortung"?
- Drittens lassen sich die qualitativen Kategorien durch Quantifizierung in eine Variable verwandeln. So wurde ja bspw. codiert, welche globalen Probleme die Befragten derzeit für die größten halten. Mittels QUAL-QUANT-Mixing kann man nun ermitteln, ob Personen, die „Wirtschaft" als derzeit größtes Problem ansehen, im Interview auch besonders häufig von Wirtschaft sprechen.
- Viertens lassen sich nach einem solchen, für die qualitativen Kategorien durchgeführten Quantifizierungsschritt auch gemeinsame multivariate statistische Analysen von qualitativen Kategorien und auf wortbasierter Codierung basierenden Kategorien durchführen.

Es zeigt sich also, dass man die Ergebnisse der automatischen diktionärsbasierten Inhaltsanalyse auf vielfältige Weise mit den Ergebnissen der qualitativen Inhaltsanalyse zusammenbringen kann. Die Wortbasiertheit stellt zweifellos die größte Schwäche der diktionärsbasierten Inhaltsanalyse dar – und hier ist es wiederum der Tatbestand der Ambiguität, d.h. der Mehrdeutigkeit der Wörter, welcher besonders problematisch ist. Dennoch kann die diktionärsbasierte automatische Inhaltsanalyse gerade für große Textmengen eine interessante Option darstellen. Vor allem in Zuge der Auswertung von Social-Media-Daten ist die quantitative diktionärsbasierte Inhaltsanalyse dieses ja eigentlich qualitativen Materials (Facebook-Profile, Twitter Tweets) wieder sehr attraktiv geworden. Wenn man bei solchen Analysen eine kleinere, aus der riesigen Textmenge zufällig ausgewählte Teilmenge von Texten mittels qualitativer Inhaltsanalyse auswertet, lässt sich gut abschätzen, bei welchen Kategorien die automatische Verarbeitung mit der qualitativen Inhaltsanalyse besser gelingt, wo es Probleme der Validität gibt und wo auch die automatische Inhaltsanalyse bereits brauchbare Ergebnisse liefert. Der Vorteil diktionärsbasierter Inhaltsanalysen ist in jedem Fall, dass die Diktionäre wiederverwendbar sind und auch in späteren Projekten im Rahmen des gleichen Themenfelds in möglicherweise modifizierter Form verwendet werden können.

Gerade in diesem Bereich der semi-automatischen Analysetechniken wird sich vermutlich in der Zukunft noch sehr viel Innovation ereignen, denn die Techniken verbessern sich kontinuierlich und es zeichnen sich interessante Entwicklungen der Integration qualitativer und quantitativer Verfahren ab.

Empfehlungen aus diesem Kapitel

Bei der integrativen Datenanalyse mit MAXQDA benutzen Sie möglicherweise Programmfunktionen, die Sie bei rein qualitativer Datenauswertung noch nie benutzt haben. Machen Sie sich zunächst mit diesen Funktionen vertraut – diese sind alle im Menü „Mixed Methods" zusammengefasst. Zunächst sollten Sie generelle Überlegungen zur Organisation Ihres Datenmaterials anstellen. Welche Mitarbeiter_innen des Projekts werden mit der Analyse befasst sein? Ist es sinnvoll, ihnen unterschiedliche Rechte in Bezug auf die Benutzung des Programms einzuräumen? Sollen bspw. alle das Recht zum Löschen von Texten, Kategorien und Codierungen besitzen? Mithilfe der folgenden Fragen können Sie das Wissen aus diesem Kapitel für Ihre eigene integrative Datenanalyse kreativ überdenken; die Empfehlungen sollen zusätzliche Hinweise für den Analyseprozess geben:

- Sofern der Zeitrahmen dies erlaubt, sollten Sie thematisches Codieren einsetzen, um Vergleiche der Ergebnisse der qualitativen und quantitativen Teilstudie vorzunehmen.
- Nutzen Sie die Funktion zur Überprüfung der Inter-Coder-Übereinstimmung in der Phase des Trainings der Codierer_innen.
- Überlegen Sie, wie Sie die in diesem Kapitel dargestellten Joint Displays bei ihrer integrativen Analyse nutzen können.

- Ist es sinnvoll, aufgrund der Analyse der qualitativen Daten, Typen zu bilden? Wenn ja, zu welchen Themenbereichen? Für welche Variablen ist es sinnvoll, anschließend eine Analyse, differenziert nach Typen, vorzunehmen?
- Welche Kategorien der qualitativen Daten werden sinnvollerweise mit Variablen der quantitativen Daten in Relation gebracht? Konzipieren Sie entsprechende Kreuztabellen.
- Nutzen Sie Concept-Maps, um die Verbindungen und Relationen von Daten und Ergebnissen zu visualisieren.
- Nutzen Sie visuelle Darstellungen wie bspw. den Code-Relations-Browser nicht nur zur Ergebnisdarstellung, sondern auch zum Auffinden von Zusammenhängen.
- Setzen Sie die Suchfunktionen zur Exploration ein. Gehen Sie auf Entdeckungsreise und finden Sie möglicherweise Zusammenhänge und Regelmäßigkeiten, die Sie nie vermutet hätten.
- Nutzen Sie auch die wortbasierten Funktionen von MAXDictio. Gehen Sie die Worthäufigkeitsliste durch. Gibt es Auffälligkeiten und Besonderheiten, z.B. ungewöhnliche Wörter und Häufigkeiten bestimmter Wörter?

Weiterführende Literatur

Bazeley, P. (2006). The contribution of computer software to integrating qualitative and quantitative data and analyses. *Research in the Schools*, 13(1), 63-73.

Bazeley, P. (2009). Editorial: Integrating data analyses in mixed methods research. *Journal of Mixed Methods Research*, 3(3), 203-207.

Bazeley, P. (2013). *Qualitative data analysis: Practical strategies*. London: Sage.

Creswell, J. W. & Plano Clark, V. L. (2011). *Designing and conducting mixed methods research* (2nd ed.). Thousand Oaks, CA: Sage. (hier insbesondere den Abschnitt „Software applications and mixed methods data analysis", S. 243 ff. in Kapitel 7)

Kuckartz, U. (2009). *Einführung in die computergestützte Analyse qualitativer Daten* (3. Aufl.). Wiesbaden: VS-Verlag.

Kuckartz, U. (2014). *Qualitative Inhaltsanalyse. Methoden, Praxis, Computerunterstützung* (2. Aufl.). Weinheim: Beltz Juventa.

Plano Clark, V. L. & Garrett, A. L. & Leslie-Pelecky, D. L. (2010). Applying three strategies for integrating quantitative and qualitative databases in a mixed methods study of a nontraditional graduate education program. *Field Methods,* 22(2): 154-174.

Silver, C. & Lewins, A. (2014). *Using software in qualitative research: A step-by-step guide* (2nd ed.). London: Sage.

Kapitel 5
Zukunft von Mixed-Methods und Empfehlungen für den Praxiseinstieg

Themen dieses Kapitels

- Kritik an Mixed-Methods
- Zukünftige Entwicklungsfelder von Mixed-Methods
- Empfehlungen zum Einstieg in die Praxis

Kritik an Mixed-Methods

Das Interesse an Mixed-Methods ist riesig und geht inzwischen weit über den engeren Bereich der Sozial- und Verhaltenswissenschaften hinaus. Diese Entwicklung hat natürlich auch Kritiker_innen auf den Plan gerufen. Häufig ist die Kritik eher unspezifisch, etwa wenn mit negativem Unterton angemerkt wird, dass es sich bei Mixed-Methods um eine Modeerscheinung oder einen Hype handele. Angesichts dessen, dass sich die Idee der Mixed-Methods-Forschung in Deutschland noch gar nicht auf breiter Front etabliert hat, scheint eine solche Einschätzung allerdings wenig zutreffend. Ähnliches gilt für die USA: Plano Clark (2010) hat in einer systematischen Untersuchung der Förderungspraxis des U.S. National Institute of Health (NIH) festgestellt, dass die Zahl der Mixed-Methods-Projekte zwar im 12-Jahreszeitram von 1996 bis 2008 exponenziell angewachsen ist, aber der Gesamtanteil nach wie vor gering ist.

Häufig wird auch geäußert, dass Mixed-Methods-Forschung nichts Neues, sondern gewissermaßen neuer Wein in alten Schläuchen sei. So sei der französische Soziologe und Sozialforscher Le Play bereits Mitte des 19. Jahrhunderts auf ähnliche Weise vorgegangen und habe statische Analysen und qualitative teilnehmende Beobachtungen und Fallstudien kombiniert. Mit Argumenten dieser Art ist allerdings bei allen Neuerungen und Innovationen zu rechnen: Man winkt ab und urteilt „nichts Neues". In diesem Kontext ist es interessant, auf die Position von Nagy Hesse-Biber (2010) hinzuweisen: Sie rechnet Mixed-Methods den sogenannten „emergent methods“ zu (siehe auch Hesse-Biber & Griffin, 2013; Fielding, 2012). Die allgemeine technologische Entwicklung, wie sie sich etwa in solchen Geräten wie iPads und Smartphones sowie den heute extrem einfach gewordenen Audio- und Videoaufzeichnungen zeigt, habe, so Nagy Hesse-Biber (2010), auch Auswirkungen auf die Methoden der empirischen Forschung und habe das Entstehen neuer Methoden zur Folge. Insofern seien Mixed-Methods eben State-of-the-Art-Methoden im digitalen Zeitalter und erst die Existenz von QDA-Software, so Nagy Hesse-Biber habe es möglich gemacht, zwischen qualitativen und quantitativen Methoden problemlos hin und her zu wechseln. Das gelte besonders für die Quantifizierung qualitativer Daten, die im dritten und vierten Kapitel dieses Buches beschrieben wurden.

Nicht selten wird an Mixed-Methods-Forschung auch kritisiert, dass die wissenschaftstheoretische oder epistemologische Fundierung unklar sei. Diese Kritik ignoriert, dass die Mixed-Methods-Community solche Fragen in vielen Beiträgen im Journal of Mixed Methods Research diskutiert und auch in Lehrbüchern und dem Handbook ausführlich behandelt hat. Es haben sich im Laufe der Zeit unterschiedliche Standpunkte herauskristallisiert, u.a. der eher methodisch-technisch orientierte von Creswell, demzufolge Mixed-Methods auf dem Hintergrund verschiedener philosophischer Orientierungen eingesetzt werden können (Creswell, 2014a: 113 f.). Creswell hält es für wichtig, dass die Forscher_innen die eigene philosophische Orientierung (World View) offenlegen; es gebe aber kein Argument dafür, Mixed-Methods an eine bestimmte Weltsicht wie etwa den Konstruktivismus zu binden bzw. darin zu fundieren. In diesem Punkt sieht er sich einig mit Denzin und Lincoln (2005). Eine andere Position in dieser Debatte – wie etwa die von Morgan (2014) – will den Mixed-Methods-Ansatz explizit im amerikanischen Pragmatismus verankern. Beide Positionen eint, dass die Forschungsfrage stärker in den Mittelpunkt rückt und diese zum entscheidenden Kriterium der Wahl der Methoden gemacht wird. Dies ist bei anderen methodischen Ansätzen nicht der Fall. So betrachten die Protagonist_innen der randomisierten kontrollierten Studie (RCT) diese von vornherein als das beste denkbare Forschungsdesign, den Gold-Standard – und dies unabhängig von der konkreten Forschungsfrage. Diesem Prinzip des „methods first“ setzt die

Mixed-Methods-Community, gleich welcher Strömung, eine stärkere Fokussierung auf die Forschungsfrage entgegen.

Eine weitere Kritik an Mixed-Methods setzt an deren Verwendung im Kontext von RCT-Studien an. In diese werden mittlerweile recht häufig qualitative Studien eingebettet, um etwa bei klinischen Studien auch etwas über die Erfahrungen und die subjektiven Meinungen der Patienten zu erfahren (Plano Clark et al., 2013). An dieser Art von Mixed-Methods-Studien wird kritisiert, dass hier qualitative Methoden marginalisiert würden und nur die Funktion eines Feigenblatts besäßen. Hier erweise sich Mixed-Methods-Forschung als Positivismus im neuen Gewand (Nagy Hesse-Biber, 2010: 14). Allzu häufig würden so qualitative Methoden nur eine untergeordnete Rolle in einem primär quantitativ-positivistischen Umfeld spielen. Das mag in vielen Fällen so sein, doch kann man dies von einer anderen Perspektive aus auch durchaus als Fortschritt begreifen, gelingt es doch den qualitativen Methoden über die Attraktivität der Mixed-Methods Einlass in die Festungen der RCT-orientierten Forschung zu finden. Weitere Kritikpunkte an Mixed-Methods betreffen:

- den höheren Zeitaufwand für ein Mixed-Methods-Projekt,
- die möglicherweise nicht gegebene Anerkennung von Mixed-Methods bei Gutachter_innen und Reviewer_innen,
- der häufig sich ergebenden Zwang zum Teamwork und dementsprechend zu größeren Forschungsgruppen,
- die möglicherweise nicht in beiden Methodenbereichen vorhandenen Fähigkeiten und Kompetenzen der Forschenden,
- den Tatbestand, dass qualitative und quantitative Studien miteinander verknüpft werden, die ganz unterschiedliche Fragestellungen haben („Pseudo-Mixed-Methods") und
- die Praxis, Ergebnisse der beiden Teilstudien nicht wirklich zu integrieren, sondern ihre Ergebnisse nur beziehungslos hintereinander aufzulisten.

Diese verschiedenen Kritikpunkte sprechen viele der Problemfelder an, die zukünftig im Mittelpunkt der Weiterentwicklung von Mixed-Methods stehen werden.

Zukünftige Themenfelder von Mixed-Methods

Prognosen über zukünftige Entwicklungen sind bekanntlich schwierig und das gilt auch für Prognosen über die zukünftigen Entwicklungen im Bereich von Mixed-Methods-Forschung. Dennoch lassen sich aus den diesbezüglichen Überlegungen anderer Autor_innen wie etwa Creswell, Greene, Johnson, Tashakkori & Teddlie sowie Nagy Hesse-Biber & Johnson einige Bereiche ausmachen, in denen zukünftige Diskussionen und Weiterentwicklungen vermutlich stattfinden werden. Entsprechende Auflistungen der Schlüsselbereiche und Hauptprobleme von Mixed-Methods findet man u.a. im Einleitungs- und Schlusskapitel des Handbuchs von Tashakkori & Teddlie (2010), bei Greene (2008) und bei Creswell & Plano Clark (2011). Fasst man die dort genannten Punkte zusammen, so werden meines Erachtens vier Themenbereiche zukünftig im Mittelpunkt stehen, und zwar:

- Die philosophische und erkenntnistheoretische Rahmung und Fundierung von Mixed-Methods
- Integrative Datenanalyse und emergent Methods
- Training und Ausbildung in Mixed-Methods, Methodenausbildung an Hochschulen und Universitäten
- Qualitätsstandards für die Mixed-Methods-Forschung

Die philosophische und erkenntnistheoretische Rahmung und Fundierung von Mixed-Methods

Die heftige Diskussion der letzten Jahre, insbesondere über die Fundierung von Mixed-Methods im amerikanischen Pragmatismus wird die weitere Entwicklung begleiten. Es ist in den letzten Jahren auch bereits deutlich geworden, dass die stärkere Zentralität der Forschungsfragen und Forschungsprobleme mehr oder weniger automatisch auch Fragen nach der Rolle der Forschung und der Zweckbestimmung der Forschung nach sich zieht. Dies wird ganz besonders deutlich in den Arbeiten von Donna Mertens, in denen Transformation – soziale und gesellschaftliche – die entscheidende Rolle spielt (Mertens, 2011, 2012). In ähnliche Richtung argumentieren auch Denzin und Autor_innen in seinem Umkreis (Denzin & Giardina, 2013). Überspitzt könnte man sagen: Es ist nicht vorrangig, welche Methode man benutzt, Hauptsache das Forschungsprojekt dient dem Zweck sozialer Gerechtigkeit und/oder anderen gesellschaftspolitisch bestimmten Zielen. Zu diesen Themenkomplex der Grundsatzfragen gehört auch die Problematisierung der Unterscheidung von qualitativer und quantitativer Forschung sowie die Problematisierung des Paradigmenbegriff.

Integrative Datenanalyse und emergent Methods

Nachdem mehr als ein Jahrzehnt lang Fragen des Designs eindeutig den Top-Rang unter den Mixed-Methods-Themen eingenommen haben, verlagert sich das Interesse in jüngster Zeit stetig auf Fragen der Datenanalyse, insbesondere auf Strategien der Integration von qualitativen und quantitativen Daten. Wie mischt man die unterschiedlichen Datenarten und Datenquellen auch bereits in der Analysephase, das ist hier die entscheidende Frage, der Autor_innen wie Bazeley (2009), Creswell & Plano Clark (2011), Greene (2007) und Woolley (2009) nachgehen. Creswell & Plano Clarke haben mit dem Konzept der Joint Displays, das ich im vierten Kapitel dieses Buchs aufgegriffen habe, bereits einen aussichtsreichen Denkrahmen formuliert, der zukünftig mit konkreten Analyseprozeduren noch weiter zu füllen ist. Für die Entwicklung dieser Formen von Mixed-Methods-Analyse wird die entsprechende Weiterentwicklung von QDA-Software von großer Bedeutung sein. Hier bieten sich – wie im vierten Kapitel gezeigt – auch heute schon analytische Möglichkeiten, die es ermöglichen, die beiden Datentypen systematisch in Beziehung zu setzen. Aber auch das Gegenteil hiervon, nämlich das „Spielen mit den Daten" wird durch QDA-Software gefördert. Das Stichwort in diesem Kontext lautet „Serendipity", das bedeutet das zufällige Auffinden von Phänomenen und Zusamenhängen, die man ursprünglich gar nicht gezielt gesucht hat. Hier sind es von QDA-Software offerierte Techniken wie die Worthäufigkeitsanalyse, die lexikalische Suche nach Worten und Wortkombinationen oder die Analyse der Überschneidungen und Sequenzen von Codes, welche zu solchen Zufallsfunden hinführen können.

Zu diesem Themenkomplex prozeduraler Fragen der Datenanalyse gehört auch das Thema emergent Methods. Es schließt direkt an den Entwicklungsbereich Datenanalyse mit Unterstützung von QDA-Software an. Die sich herausbildenden methodischen Innovationen sind Reaktion, einerseits auf die sich mit rasanter Geschwindigkeit ereignenden Veränderungen der globalisierten Welt, die mit neuen Forschungsfragen großer Komplexität einhergehen, andererseits auf die technologischen Innovationen. Wer hätte noch vor wenigen Jahren gedacht, dass es so einfach und preisgünstig werden könnte, Interviews oder Videos in hoher Qualität bei Feldstudien aufzunehmen. Würde Margret Mead im Jahr 2014 erneut zu einer Forschungsreise in die Südsee aufbrechen, so würde ihr eine Ausstattung mit einem 112 g schweren Smartphone völlig ausreichen. Da es höchst wahrscheinlich ist, dass die Technologieentwicklung fortschreitet, wird auch die Diskussion um die Verwendung der darauf basierenden neuen Methoden im Rahmen von Mixed-Methods zukünftig ein wichtiges Thema sein.

Training und Ausbildung in Mixed-Methods, universitäre Methodenausbildung

Es ist nicht von der Hand zu weisen, dass für die kompetente Durchführung eines Mixed-Methods-Projekts mehr Kenntnisse und Fähigkeiten notwendig sind, als dies der Fall wäre, wenn man sich nur innerhalb eines Methodenbereichs bewegt. Zwar besteht in Projekten auch die Möglichkeit, durch Arbeitsteilung und durch Teamwork das entsprechend notwendige Know-how auf mehrere Köpfe zu verteilen (Morgan, 2014: 213-222). Auch im letzteren Fall ist es aber erforderlich, dass alle mit der Analyse der Daten Befassten ein solides Grundwissen in beiden Methodenbereichen besitzen. Nur so lässt sich erfolgreich miteinander kommunizieren und nur so lassen sich die Ergebnisse der qualitativen und der quantitativen Projektteile miteinander vergleichen. Damit rücken Fragen des Trainings und der Ausbildung in Mixed-Methods, insbesondere im Rahmen der universitären Methodenausbildung, in den Vordergrund. John Creswell hat in seiner Einleitung zu diesem Buch das weltweit wachsende Interesse an entsprechenden Fortbildungen und Workshops beschrieben. Für die Methodenausbildung in den Bachelor- und Master-Studiengängen heißt dies, dass sie Fertigkeiten in beiden Methodenbereichen vermitteln sollten. Die Diskussion über sehr konkrete Studienpläne und Curricula hat bereits begonnen (Creswell et al., 2003, Christ, 2009, Plano Clark & Ivankova, 2014).

Qualitätsstandards für die Mixed-Methods-Forschung

Schlussendlich wird das Thema Qualitätsstandards ein Kristallisationspunkt zukünftiger Diskussion werden. Für die Entwicklung eines Paradigmas im Sinne von geteilten Überzeugungen („shared beliefs") ist es durchaus typisch, dass an einem gewissen Punkt der Reifung eine Diskussion über Standards und Gütekriterien in Gang kommt. Diese wird nicht zuletzt durch das Bedürfnis der forschungsfinanzierenden Institutionen und Organisationen befördert, die ein natürliches Interesse daran haben, gute von schlechter Forschung zu unterscheiden und dafür Kriterien festzulegen. Die Diskussion des Themas Qualitätsstandards hat in der Mixed-Methods-Community bereits begonnen (Creswell & Zhang, 2009) und in den USA haben das National Institute of Health (NHI) (1999) und die National Science Foundation (NSF) bereits entsprechende Aktivitäten gestartet.

Empfehlungen für den Einstieg in die Praxis

Dieses Buch wäre kein praxisorientiertes Buch, wenn es nicht mit Empfehlungen für die Forschungspraxis enden würde. Meine Intention beim Schreiben dieses Buches war, die Grundlagen und Grundbegriffe der Mixed-Methods-Forschung zu beschreiben, Mixed-Methods-Designs und Analyseverfahren vorzustellen und in die Praxis der Mixed-Methods-Datenanalyse, inklusive der Umsetzung mit QDA-Software, einzuführen. Absicht war es auch, bei den Leserinnen und Lesern Interesse daran zu wecken, selbst solche Forschung durchzuführen. Dabei stellt Mixed-Methods-Forschung erhebliche Ansprüche an die Kompetenzen der Forschenden. Diese müssen sich nicht nur in einem Methodenbereich auskennen, sondern sowohl die Skills im Bereich der statistischen Datenanalyse als auch im Feld der qualitativen Analyse besitzen. Hinzu kommt, dass man auch Ideen zur Integration der beiden Methoden entwickeln muss und genau planen sollte, an welchem Punkt des Forschungsprojektes die Integration beider Methodenstränge, das Mixing, stattfinden soll. Angesichts dieser relativ hohen Anforderungen ist es angeraten, nicht gleich mit komplexen Designs in die Mixed-Methods-Forschung einzusteigen. In diesem Sinne lautet also meine Empfehlung: Beginnen Sie mit den in Kapitel 2 dargestellten einfachen parallelen oder sequenziellen Designs. Für die drei Basisdesigns werden im Folgenden praktische Empfehlungen gegeben.

Start mit einem sequenziellen Vertiefungsdesign

Bei einem Vertiefungsdesign startet man mit einer quantitativen Studie und schließt eine qualitative Studie an, die helfen soll, die Ergebnisse der quantitativen Studie besser und tiefer zu verstehen und die die Möglichkeit bietet, den zahlenmäßigen Zusammenhängen gewissermaßen Leben einzuhauchen.

Ein typisches Beispiel aus der Forschungspraxis: Man führt zunächst eine weitgehend standardisierte Befragung durch, bspw. eine Online-Befragung der Absolvent_innen eines bestimmten Studiengangs. Man wertet die Daten statistisch aus, fasst die Ergebnisse in einem vorläufigen Ergebnisreport zusammen und konzipiert auf dieser Basis eine qualitative Folgestudie, in der man offene Interviews mithilfe eines Leitfadens führt. Für diesen qualitativen Teil bestimmt man entsprechend den zur Verfügung stehenden zeitlichen und finanziellen Ressourcen die Größe des Samples. In jedem Fall wird es sich um ein wesentlich kleineres Sample von Personen handeln, die entweder qua Zufall oder als Quotensample aus der Grundgesamtheit der mit der Online-Erhebung befragten Personen gezogen werden.

Sehr empfehlenswert ist es auch, für den ersten Teil, d.h. die quantitative Studie, auf eine der vielen vorhandenen Studien zurückzugreifen. Im Datenarchiv der GESIS findet man sehr viele interessante Studien, die man einer Sekundäranalyse unterziehen kann. Ein solches Vorgehen ist ein guter Start in die Welt von Mixed-Methods, der auch für Studierende vom Arbeitsaufwand her sehr gut realisierbar ist: Man formuliert die Forschungsfrage, sucht nach einer verfügbaren Repräsentativstudie, beschafft sich die Daten, analysiert diese und entwickelt auf dieser Basis einen Interviewleitfaden für qualitative Interviews oder einen Themenkatalog für eine Gruppendiskussion. Auf diese Weise lässt sich die variablenorientierte Sichtweise der quantitativen Studie um eine fallorientierte Sichtweise erweitern.

Start mit einem generalisierenden sequenziellen Design

Dieses Design entspricht ja dem klassischen qualitativen Pretest, über den in der quantitativen Forschung zwar häufig gesprochen wird, der aber nur selten tatsächlich durchgeführt wird. Hier befindet man sich in einer Situation, in der man eine größere quantitative Studie durchführen möchte, es aber noch an Detailwissen über den Gegenstandsbereich und die Denkweisen der Forschungsteilnehmenden mangelt und man auf dem Wege zu einem optimalen Instrument eine vorgeschaltete qualitative Studie benötigt. Dieses Design eignet sich gut für Masterarbeiten oder Dissertationen, vor allem dann, wenn das Forschungsfeld noch relativ unbeackert ist und zunächst ein exploratives Vorgehen sinnvoll ist. Durch moderne Verfahren wie das Online-Interview ist es heute auch mit vergleichsweise geringem Aufwand möglich, quantitative Studien mit großer Fallzahl durchzuführen.

Anders als beim klassischen qualitativen Pretest wird die zunächst durchgeführte qualitative Studie aber nicht ausschließlich benutzt, um einen optimalen Fragebogen zu konstruieren, sondern die qualitative Erhebung selbst wird auch qualitativ ausgewertet. Hier geht es also nicht primär um die Entwicklung eines optimalen Instruments, sondern um die Verallgemeinerung der Befunde der qualitativen Studie bzw. um eine genauere Abschätzung der Häufigkeit des Auftretens von bestimmten Merkmalen und Merkmalskonstellationen. Eine solche Mixed-Methods-Studie ermöglicht es, zu überprüfen, ob die im Rahmen der qualitativen Studie gefundenen Zusammenhänge und Regelmäßigkeiten auch für eine erheblich erweiterte Population gelten. Bei einem solchen Verallgemeinerungsdesign sollte man sich über die Priorität, die man dem qualitativen bzw. dem quantitativen Strang zuspricht, klar werden.

Start mit einem parallelen Design

Auch dies ist eine einfache Möglichkeit, in die Welt von Mixed-Methods einzusteigen. Hier plant man vornherein, gleichzeitig eine qualitative und eine quantitative Studie durchzuführen. Ein paralleles Design ist besonders für Projekte zu empfehlen, denen insgesamt für die Projektdurchführung nur wenig Zeit zur Verfügung steht. Anders als bei sequenziellen Designs muss hier mit dem nachgelagerten Studienteil nicht so lange gewartet werden, bis der erste Studienteil abgeschlossen ist und die Ergebnisse vorliegen, sondern man legt gleich mit den beiden Projektteilen los. Besonders dann, wenn das Forschungsteam viele Köpfe zählt, wie etwa in Lehrforschungsprojekten, kann ein paralleles Design besonders sinnvoll sein. Vorausgesetzt ist natürlich, dass man sich im Gegenstandsbereich bereits so weit auskennt, dass auch die Entwicklung eines standardisierten Instruments für die quantitative Erhebung keine Probleme darstellt und es nicht erforderlich ist, dass man eine Vorstudie zur Entwicklung des Instruments durchführt.

Die theoretische Rechtfertigung für ein solches Projekt liegt darin, dass viele Fragestellungen und Probleme eine sowohl qualitative wie auch eine quantitative Seite besitzen. Für beide Dimensionen setzt man die angemessenen Instrumente ein und integriert deren Ergebnisse.

Methodische Reflexion über die Gewinne durch Mixed-Methods

Wenn man einen ersten Einstieg über eins dieser drei Designs genommen hat und die Studie erfolgreich durchgeführt hat, sollte man noch einmal innehalten und sich fragen, welche Gewinne man durch die Kombination der Methoden erzielen konnte und wo sich Erwartungen, die man zu Beginn des Projektes hatte, nicht erfüllt haben. Anfänglich wird es vermutlich so sein, dass man sich mit einem Methodenbereich besser auskennt und bereits Erfahrungen gemacht hat. Insofern kann man von diesem Projektteil ausgehen und sich fragen, welche Erkenntnisse man zusätzlich zu diesem gewonnen hat. Wir haben in einem Projekt der Evaluation universitärer Lehre dies einmal für eine im Anschluss an die üblichen quantitativen Befragungen durchgeführten qualitativen Evaluation getan und systematisch dargestellt, welche Gewinne so erzielt werden konnten (Kuckartz et al., 2008: 66-72).

Beim ersten Versuch, eine Mixed-Methods-Forschung durchzuführen, wird man vielleicht die Ergebnisse nur zu einem Zeitpunkt aufeinander beziehen und etwa beim parallelen Design erst am Ende die Ergebnisse der beiden Projektteile integrieren. Mit wachsender Erfahrung werden die Designs aber komplexer werden und man wird eine stärkere Integration der Methoden ins Auge fassen und die strikte Trennung der beiden Methodenstränge aufheben. Letzten Endes wird sich die Sinnhaftigkeit eines Mixed-Methods-Design am Erkenntnisgewinn für die Forschungsfrage erweisen.

Damit ist das Buch dann auch am Ende angekommen. Im Sinne von Maria Montessoris „Hilf mir, es selbst zu tun", hoffe ich nun auf seine Wirkung.

Literaturverzeichnis

Albert, M., Hurrelmann, K. & Quenzel, G. (2010). *Jugend 2010 - 16. Shell Jugendstudie.* Frankfurt a. M.: Fischer-Taschenbuch-Verlag.

Andrew, S. & Halcomb, E. J. (2009). *Mixed methods research for nursing and the health sciences.* West Sussex, UK: Wiley-Blackwell.

Bazeley, P. (2006). The contribution of computer software to integrating qualitative and quantitative data and analyses. *Research in the Schools,* 13(1), 63-73.

Bazeley, P. (2009). Editorial: Integrating data analyses in mixed methods research. *Journal of Mixed Methods Research,* 3(3), 203-207.

Bazeley, P. (2013). *Qualitative data analysis. Practical strategies.* London: Sage.

Bazeley, P. & Kemp, L. (2012). Mosaics, triangles, and DNA : Metaphors for integrated analysis in mixed methods research. *Journal of Mixed Methods Research,* 6(1), 55-72.

Bergman. M. M. (Ed.). (2008). *Advances in mixed methods research: Theories and applications.* Los Angeles, CA: Sage.

Brewer, J. & Hunter, A. (1989). *Multimethod research: A synthesis of styles.* Newbury Park, CA: Sage.

Brewer, J. & Hunter, A. (2006). *Foundations of multimethod research: Synthesizing styles.* (2nd ed.). Thousand Oaks, CA: Sage.

Brosius, H. B., Haas, A. & Koschel, F. (2012). *Methoden der empirischen Kommunikationsforschung. Eine Einführung* (6. Aufl.). Wiesbaden: Springer VS.

Bryman, A. (1988). *Quantity and quality in social research.* London: Routledge.

Bryman, A. (2006). Integrating quantitative and qualitative research: How is it done? *Qualitative Research,* 6(1), 97-113.

Bryman, A. (2007). Barriers to integrating quantitative and qualitative research. *Journal of Mixed Methods Research,* 1(1), 8-22.

Campbell, D. T. & Stanley, J. (1963). Experimental and quasi-experimental designs for research. In Gage, N. L. (Ed.), *Handbook of research on teaching,* 1–76. Chicago: Rand McNally.

Campbell, D. T. & Fiske, D. (1959). Convergent and discriminant validation by the multitrait-multimethod matrix. *Psychological Bulletin,* 56(2), 81-105.

Christ, T. W. (2009). Designing, teaching, and evaluating two complementary mixed methods research courses. *Journal of Mixed-Methods Research,* 3(4), 292-325.

Collins O., Broekaert, E., Vandevelde, S. & van Hove, G. (2008). Max Weber and Alfred Schutz: The theoretical and methodological background of the case-oriented quantification approach behind winMAX. *Social Science Computer Review*, 26(33), 369-378.

Collins, K. M. T., Onwuegbuzie, A. J. & Jiao, Q. G. (2007). A mixed methods investigation of mixed methods sampling designs in social and health science research. *Journal of Mixed Methods Research*, 1(3), 267-294.

Crabtree, B. J. & Miller, W. L. (1999). *Doing qualitative research*. Thousand Oaks, CA: Sage.

Creamer, E. G. & Ghoston, M. (2013). Using a mixed methods content analysis to analyze mission statements from colleges of engineering. *Journal of Mixed Methods Research*, 7(2), 110-120.

Creswell, J. W. (1994). *Research design: Qualitative & quantitative approaches.* Thousand Oaks, CA: Sage.

Creswell, J. W. (2003). *Research design: Qualitative, quantitative and Mixed-Methods approaches.* (2nd ed.). Thousand Oaks, CA: Sage.

Creswell, J. W. (2009). Mapping the field of mixed methods research [Editorial]. *Journal of Mixed Methods Research*, 3(2), 95-108.

Creswell, J. W. (2014a). *A concise introduction to mixed methods research*. Thousand Oaks, CA: Sage.

Creswell, J. W. (2014b). *Research design: Qualitative, quantitative, and mixed methods approaches.* (4th ed.). Thousand Oaks, CA: Sage.

Creswell, J. W. & Plano Clark, V. L. (2007). *Designing and conducting mixed methods research.* Thousand Oaks, CA: Sage.

Creswell, J. W. & Plano Clark, V. L. (2011). *Designing and conducting mixed methods research.* (2nd ed.). Thousand Oaks, CA: Sage.

Creswell, J. W. & Zhang, W. (2009). The application of mixed methods designs to trauma research. *Journal of Traumatic Stress*, 22(6), 612–621.

Creswell, J. W. Fetters, M. D. & Ivankova, N. V. (2004). Designing a mixed methods study in primary care. *Annals of Family Medicine*, 2(1), 7-12.

Creswell, J. W., Fetters, M. D., Plano Clark, V. L. & Morales, A. (2009). Mixed methods intervention trials. In Andrew, S. & Halcomb, L. (Eds.), *Mixed methods research for nursing and the health sciences.* Oxford, UK: Blackwell.

Creswell, J. W., Plano Clark, V. L., Gutmann, M. & Hanson, W. (2003). Advanced mixed methods research designs. In Tashakkori, A. & Teddlie, C. (Eds.), *Handbook of mixed methods in social & behavioral research*, 209–240. Thousand Oaks, CA: Sage.

Creswell, J. W., Tashakkori, A., Jensen, K. D. & Shapley, K. L. (2003). Teaching mixed methods research: Practices, dilemmas, and challenges. In Tashakkori, A. & Teddlie, C. (Eds.), *Handbook of mixed methods in social & behavioral research,* 619–637. Thousand Oaks, CA: Sage.

Cronbach, L. J. (1975). Beyond the two disciplines of scientific psychology. *American Psychologist,* 30(2), 116–127.

Denzin, N. K. (1978, zuerst 1970). *The research act: A theoretical introduction to sociological methods.* New York: McGraw-Hill.

Denzin, N. K. (2012). Triangulation 2.0. *Journal of Mixed Methods Research,* 6(2), 80-88.

Denzin, N. K. & Lincoln, Y. S. (Eds.). (2005). *The SAGE handbook of qualitative research* (3rd ed.). Thousand Oaks, CA: Sage.

Denzin, N. & Giardina, M. (Eds.). (2013). *Global dimensions of qualitative inquiry.* Walnut Creek, CA: Left Coast Press.

DeVellis, R. F. (2012). *Scale development: Theory and applications* (3rd ed.) Thousand Oaks, CA: Sage.

Diaz-Bone, R. (2013). *Statistik für Soziologen* (2. Aufl.). Stuttgart: UTB basics.

Diekmann, A. (2007). *Empirische Sozialforschung. Grundlagen, Methoden, Anwendungen* (4. Aufl.). Reinbek bei Hamburg: Rowohlt.

Dures, E., Rumsey, N., Morris, M. & Gleeson, K. (2010). Mixed methods in health psychology. *Journal of Health Psychology,* 16(2), 332-341.

Endreß, M. & Schnettler, B. (2006). Alfred Schütz (Klassiker der Wissenssoziologie). Konstanz: UVK.

Erzberger, C. (1998). *Zahlen und Wörter. Die Verbindung quantitativer und qualitativer Daten und Methoden im Forschungsprozeß.* Weinheim: Deutscher Studien Verlag.

Erzberger, C. & Kelle, U. (2003). Making inferences in mixed methods: The rules of integration. In Tashakkori, A. & Teddlie, C. (Eds.). *Handbook of mixed methods for the social & behavioral sciences,* 457-490. Thousand Oaks, CA: Sage.

Fakis, A., Hilliam, R., Stoneley, H. & Townend, M. (2014). Quantitative analysis of qualitative information from interviews: A systematic literature review. *Journal of Mixed Methods Research,* 8(2), 139-161.

Feilzer, M. Y. (2010). Doing mixed methods research pragmatically: Implications for the rediscovery of pragmatism as a research paradigm. *Journal of Mixed Methods Research,* 4(1), 6-16.

Fielding, N. G. (2012). Triangulation and mixed methods designs: Data Integration with new research technologies. *Journal of Mixed Methods Research,* 6(2), 124-136.

Fielding, N. G., & Fielding, J. L. (1986). *Linking data: The articulation of qualitative and quantitative methods in social research.* Bevery Hills, CA: Sage.

Fielding, N. G. & Schreier, M. (2001). Introduction: On the compatibility between qualitative and quantitative research methods [54 paragraphs]. *Forum Qualitative Sozialforschung,* 2(1), Art. 4, http://nbn-resolving.de/urn:nbn:de:0114-fqs010146.

Flick, U. (2007). *Qualitative Sozialforschung. Eine Einführung*. Reinbek bei Hamburg: Rowohlt.

Flick, U. (2009). *Sozialforschung: Methoden und Anwendungen. Ein Überblick für BA-Studiengänge.* Reinbek bei Hamburg: Rowohlt.

Flick, U. (2011). *Triangulation. Eine Einführung* (3. Aufl.). Wiesbaden: VS-Verlag.

Flick, U., Garms-Homolová, V., Herrmann, W. J., Kuck, J. & Röhnsch, G. (2012). "I can't prescribe something just because someone asks for it . . .": Using mixed methods in the framework of triangulation. *Journal of Mixed Methods Research,* 6(2), 97-110.

Fölling-Albers, M. & Meidenbauer, K. (2010). Was erinnern Schüler/innen vom Unterricht? *Zeitschrift für Pädagogik*, 56 (2): 229-248.

Foscht, T.; Angerer, T. & Swoboda, B. (2009). Mixed Methods. Systematisierung von Untersuchungsdesigns. In Buber, R. & Holzmüller, H. H. (Hrsg.), *Qualitative Marktforschung: Konzepte – Methoden – Analysen,* 247-259. (2. Aufl.). Wiesbaden: Gabler.

Freshwater, D. & Cahill, J. (2013). Paradigms lost and paradigms regained. *Journal of Mixed Methods Research,* 7(1), 3-5.

Giddings, L. S. (2006). Mixed-methods research: positivism dressed in drag? *Journal of Research in Nursing*, 11(3), 195-203.

Giesel, K. (2007). *Leitbilder in den Sozialwissenschaften. Begriffe, Theorien und Forschungskonzepte.* Wiesbaden. VS-Verlag.

Gläser-Zikuda, M., Seidel, T., Rohlfs, C., Gröschner, A., & Ziegelbauer, S. (Hrsg.). (2012). *Mixed Methods in der empirischen Bildungsforschung.* Münster: Waxmann.

Greene, J. C. (2006). Toward a methodology of mixed methods social inquiry. *Research in the Schools,* 13(1), 93–98.

Greene, J. C. (2007). *Mixed-Methods in social inquiry.* San Francisco, CA: Jossey-Bass.

Greene, J. C. (2008). Is mixed methods social inquiry a distinctive methodology? *Journal of Mixed Methods Research*, 2(1), 7-22.

Greene, J. C., Caracelli, V. J. & Graham, W. F. (2008, zuerst 1989). Toward a conceptual framework for mixed method evaluation designs. In Plano Clark, V. L. & Creswell, J. W. (2008), *The Mixed Methods Reader,* 119-148. Thousand Oaks, CA: Sage.

Guetterman, T., Creswell, J. W. & Kuckartz, U. (2014, im Druck). Using joint displays and MAXQDA software to represent data results in mixed methods. In McCrudden, M., Schraw, G. & Buckendahl, C. (Eds.), *Use of visual displays in research and testing: Coding, interpreting, and reporting data.* Charlotte, NC: Information Age Publishing

Hanson, W. E., Creswell, J. W., Plano Clark, V. L., Petska, K. S. & Creswell, J. D. (2005). Mixed methods research designs in counseling psychology. Journal of Counseling Psychology, 52(2), 224-235.

Hesse-Biber, S. & Griffin, A. J. (2013). Internet-mediated technologies and mixed methods research: Problems and prospects. *Journal of Mixed Methods Research,* 7(1), 43-61.

Hesse-Biber, S. & Johnson, R. B. (2013). Coming at things differently: Future directions of possible engagement with mixed methods research. *Journal of Mixed Methods Research,* 7(2), 103-109.

Hesse-Biber, S. & Johnson, R. B. (in press). Revisiting mixed methods and advancing scientific practices. In Hesse-Biber, S. N. & Johnson, R. B. (Eds.). *Oxford handbook of mixed and multiple research methods.* Oxford, UK: Oxford University Press.

Hopf, C. (2005). Forschungsethik und qualitative Forschung. In Flick, U., Kardorff, E. von & Steinke, I. (Hrsg.), *Qualitative Forschung. Ein Handbuch*, 589-600. Reinbek bei Hamburg: Rowohlt.

Hunt, M. M. (1997). *How science takes stock: The story of meta-analysis.* New York: Russell Sage Foundation.

Hussy, W., Schreier, M. & Echterhoff, G. (2013). *Forschungsmethoden in Psychologie und Sozialwissenschaften* (2. Aufl.). Berlin: Springer.

Jahoda, M., Lazarsfeld, P. & Zeisel, H. (1980). *Die Arbeitslosen von Marienthal.* Frankfurt a. M.: Suhrkamp.

Jang, E. E., McDougall, D. E., Pollon, D., Herbert, M. & Russell, P. (2008). Integrative mixed methods data analytic strategies in research on school success in challenging circumstances. *Journal of Mixed Methods Research,* 2(3), 221-247.

Johnson R. B. & Christensen, L. (2014). *Educational research: Quantitative, qualitative, and mixed approaches* (5th ed.). Thousand Oaks: Sage.

Johnson R. B., Onwuegbuzie, A.J. & Turner, l. A. (2007). Toward a definition of mixed methods research. *Journal of Mixed Methods Research*, 1(2), 112-133.

Johnson, R. B. (2012). Dialectical pluralism and mixed methods. *American Behavioral Scientist*, 56, 751-754

Johnson, R. B. & Onwuegbuzie, A. J. (2004). Mixed methods research: A research paradigm whose time has come. *Educational Researcher*, 33(7), 14-26.

Kane, M. & Trochim, W. M. K. (2007). *Concept mapping for planning and evaluation.* Thousand Oaks, CA: Sage.

Kelle, U. (2004). Integration qualitativer und quantitativer Methoden. In Kuckartz, U., Grunenberg, H., & Lauterbach, A. (Hrsg.), *Qualitative Datenanalyse: computergestützt. Methodische Hintergründe und Beispiele aus der Forschungspraxis,* 27-41. Wiesbaden: VS-Verlag.

Kelle, U. (2007). *Die Integration qualitativer und quantitativer Methoden in der empirischen Sozialforschung. Theoretische Grundlagen und methodologische Konzepte.* Wiesbaden: VS Verlag.

Kelle, U. & Erzberger, C. (2003). Making inferences in mixed methods: The rules of integration. In Tashakkori A. & Teddlie, C. (Eds.), *Handbook of Mixed-Methods in social & behavioral research*, 457-488. Thousand Oaks: Sage.

Kuckartz, U. (1995). Case-oriented quantification. In Kelle, U. (Ed.), *Computer-aided qualitative data analysis: Theory, methods and practice,* 158-176. Thousand Oaks, CA: Sage.

Kuckartz, U. (2009). *Einführung in die computergestützte Analyse qualitativer Daten* (3. Aufl.). Wiesbaden: VS-Verlag.

Kuckartz, U. (2009a). Methodenkombination. In Westle, B. (Hrsg.), *Methoden der Politikwissenschaft.* Baden-Baden: Nomos.

Kuckartz, U. (2014). *Qualitative Inhaltsanalyse. Methoden, Praxis, Computerunterstützung.* (2. Aufl.). Weinheim: Beltz Juventa.

Kuckartz, U. & Busch, J. (2012). Mixed Methods in der Evaluation. In Kuckartz, U. & Rädiker, S. (Hrsg.), *Erziehungswissenschaftliche Evaluationspraxis. Beispiele – Konzepte – Methoden*, 14-35. Weinheim: Beltz Juventa.

Kuckartz, U., Grunenberg, H. & Dresing, T. (Hrsg.) (2007). *Qualitative Datenanalyse: computergestützt. Methodische Hintergründe und Beispiele aus der Forschungspraxis.* Wiesbaden: VS Verlag.

Kuckartz, U., Dresing, T., Rädiker, S. & Stefer, C. (2008). *Qualitative Evaluation* (2. Aufl.). Wiesbaden: VS Verlag.

Kuckartz, U., Rädiker, S., Ebert, T. & Schehl, J. (2013). *Statistik: Eine verständliche Einführung* (2. Aufl.). Wiesbaden: VS-Verlag.

Kuckartz, U., Rädiker, S., Ebert, T. & Stefer, C. (2009). *Evaluation online.* Wiesbaden: VS-Verlag.

Lamnek, S. (2010). *Qualitative Sozialforschung. Lehrbuch* (5. Aufl.). Weinheim: Beltz.

Lewin, S., Glenton, C. & Oxman, A. (2009). Use of qualitative methods alongside randomised controlled trial of complex healthcare interventions: Methodological study. *British Medical Journal BMJ* 2009, 339; b3496. Published online Sep 10, 2009. doi: 10.1136/bmj.b3496

Luhmann, N. (2004). *Ökologische Kommunikation: Kann die moderne Gesellschaft sich auf ökologische Gefährdungen einstellen?* Wiesbaden: VS-Verlag.

Maxwell, J. A. (2012). *A realist approach for qualitative research.* Los Angeles, CA: Sage.

Mayring, P. (2001). Kombination und Integration qualitativer und quantitativer Analyse [31 Absätze]. *Forum Qualitative Sozialforschung,* 2(1), Art. 6, http://nbn-resolving.de/urn:nbn:de:0114-fqs010162.

Mayring, P. (2007). Introduction: Arguments for mixed methodology. In Mayring, P., Huber, G. L., Gurtier, L. & Kiegelmann, M. (Eds.). *Mixed methodology in psychological research,* 1-4. Rotterdam/Taipei: Sense Publishers.

Mayring, P. (2010). *Qualitative Inhaltsanalyse. Grundlagen und Techniken* (11. Aufl.). Weinheim: Beltz.

Mayring, P. (2012a). Mixed Methods – ein Plädoyer für gemeinsame Forschungsstandards qualitativer und quantitativer Methoden. In Gläser-Zikuda, M., Seidel, T., Rohlfs, C., Gröschner, A. & Ziegelbauer, S. (Hrsg.), *Mixed Methods in der empirischen Bildungsforschung,* 287-300. Münster: Waxmann.

Mayring, P. (2012b). Qualitative Inhaltsanalyse - ein Beispiel für Mixed Methods. In Gläser-Zikuda, M., Seidel, T., Rohlfs, C., Gröschner, A. & Ziegelbauer, S. (Hrsg.), *Mixed Methods in der empirischen Bildungsforschung (S.* 27-36). Münster: Waxmann.

Mertens, D. M. (2009). *Transformative research and evaluation.* New York, NY: Guilford Press.

Mertens, D. M. (2011). Mixed methods as tools for social change. *Journal of Mixed Methods Research,* 5(3), 195-197.

Mertens, D. M. (2012). What comes first? The paradigm or the approach?. *Journal of Mixed Methods Research,* 6(4), 255-257.

Miles, M. B. & Huberman, A. M. (1994). *Qualitative data analysis: An expanded sourcebook.* Thousand Oaks, CA: Sage.

Miles, M. B., Huberman, A. M., & Saldana, J. (2014). *Qualitative data analysis. A methods sourcebook* (3rd ed.). Thousand Oaks, CA: Sage.

Morgan, D. L. (2007). Paradigms lost and pragmatism regained: Methodological implications of combining qualitative and quantitative methods. *Journal of Mixed Methods Research,* 1(1), 48-76.

Morgan, D., (2014). *Integrating qualitative and quantitative Methods: A pragmatic approach.* Thousand Oaks, CA: Sage.

Morse, J. M. (2008, zuerst 1991). Approaches to qualitative-quantitative methodological triangulation. In Plano Clark, V. L. & Creswell, J. W. (2008), *The Mixed Methods Reader,* 149-158. Thousand Oaks, CA: Sage.

Morse, J. M. & Niehaus, L. (2009). *Mixed methods design: Principles and procedures.* Walnut Creek, CA: Left Coast Press.

Nagy Hesse-Biber, S., (2010). *Mixed methods research: Mixing theory with practice.* New York: Guilford Press.

National Institutes of Health (NIH). (1999). *Qualitative methods in health research: Opportunities and considerations in application and review.* Washington, DC.

Onwuegbuzie, A. J. & Dickinson, W. B. (2008). Mixed methods analysis and information visualization; graphical display for effective communication of research results. *The Qualitative Report.* 13(2), 204-225.

Onwuegbuzie, A. J. & Leech, N. L. (2009). Lessons learned for teaching mixed research: A framework for novice researchers. *International Journal of Multiple Research Approaches,* 3, 105-107.

Onwuegbuzie, A. J. & Teddlie, C. (2003). A framework for analyzing data in mixed methods research. In *Tahakkori, A. & Teddlie, C. (Eds.). Handbook of mixed methods in social & behavioral research,* 351-382. Thousand Oaks: Sage.

Onwuegbuzie, A. J., Bustamante, R. M. & Nelson, J. A. (2010). Mixed Research as a Tool for Developing Quantitative Instruments. *Journal of Mixed Methods Research,* 4(1), 56-78.

Onwuegbuzie, A. J., Slate, J. R., Leech, N. L., & Collins, K. M. T. (2007). Conducting mixed analyses: A general typology. *International Journal of Multiple Research Approaches,* 1, 4-17.

Onwuegbuzie, A. J., Slate, J. R., Leech, N. L., & Collins, K. M. T. (2009). Mixed data analysis: Advanced integration techniques. *International Journal of Multiple Research Approaches,* 3, 13-33.

Onwuegbuzie, A. J., Slate, J. R., Leech, N. L. & Collins, K. M. Z. (2008). R. M. & Nelson, J. A. (2010). Mixed research as a tool for developing quantitative instruments. *Journal of Mixed Methods Research,* 4(1), 56-78.

Padgett, D. K. (2009). Qualitative and mixed methods in social work knowledge development. *Social Work,* 54(2), 101-105.

Patton, M. Q. (1980). *Qualitative evaluation and research methods.* Newbury Park, CA: Sage.

Plano Clark, V. L. (2010). The adoption and practice of mixed methods: U.S. trends in federally funded health-related research. *Qualitative Inquiry, 6, 428-440.*

Plano Clark, V. L. & Creswell, J. W. (2008). *The mixed methods reader.* Thousand Oaks, CA: Sage.

Plano Clark, V.L. & Ivankova, N. V. (2014). *Introducing a new mixed methods research I course: A practical guide to the field of mixed methods research.* Paper presented at the Annual Conference of the American Educational Research Association. Philadelphia, PA, April 2-April 7, 2014.

Plano Clark, V. L. & Wang, S. C. (2010). Adapting mixed methods research to multicultural counseling. In Ponterotto, J. G., Casas, J. M., Suzuki, L. A., & Alexander, C. M. (Eds.), *Handbook of multicultural counseling* (3rd ed.), 427-438. Thousand O-aks, CA: Sage.

Plano Clark, V. L. & Garrett, A. L. & Leslie-Pelecky, D. L. (2010). Applying three strategies for integrating quantitative and qualitative databases in a mixed methods study of a nontraditional graduate education program. *Field Methods* 22(2): 154-174.

Plano Clark, V. L., Huddleston-Casas, C. A., Churchill, S. L., Green, D. O. & Garrett, A. L. (2008). Mixed methods approaches in family science research. *Journal of Family Issues*, 29(11), 1543-1566.

Plano Clark, V. L., Schumacher, K., West, C., Edrington, J., Dunn, L. B., Harzstark, A., et al. (2013). Practices for Embedding an Interpretive Qualitative Approach Within a Randomized Clinical Trial. *Journal of Mixed Methods Research, 7* (3), 219-242.

Reichardt, C. S. & Rallis, S. F. (1994). Qualitative and quantitative inquiries are not compatible: A call for partnership. *New Directions in Program Evaluation*, 61, 85-91.

Reichertz, J. (2013). *Die Abduktion in der qualitativen Sozialforschung: Über die Entdeckung des Neuen* (2. Aufl.). Wiesbaden: Springer VS.

Reichertz, J. (2014). Die Konjunktur der qualitativen Sozialforschung und Konjunkturen innerhalb der qualitativen Sozialforschung. In Mey, G. & Mruck, K. (Hrsg.), *Qualitative Forschung. Analysen und Diskussionen – 10 Jahre Berliner Methodentreffen*, 87-101. Wiesbaden: Springer VS.

Rossman, G. B. & Wilson, B. L. (1985). Numbers and words: Combining quantitative and qualitative methods in a single large-scale evaluation study. *Evaluation Review*, 9(5), 627-643.

Sachweh, P. (2013). Symbolische Grenzziehungen und subjektorientierte Sozialstrukturanalyse. Eine empirische Untersuchung aus einer Mixed-Methods-Perspektive. *Zeitschrift für Soziologie*, 42(1): 7-27.

Sandelowski, M. (1996). Focus on qualitative methods: Using qualitative methods in intervention studies. *Research in Nursing & Health*, 19(4), 359–64.

Sandelowski, M. (2000). Combining qualitative and quantitative sampling, data collection, and analysis techniques in mixed methods studies. *Research in Nursing & Health*, 23, 246-255.

Sandelowski, M., Voils, C. I. & Knafl, G. (2009). On quantitizing. *Journal of Mixed Methods Research*, 3(3), 208-222.

Seale, C. (1999). *The quality of qualitative research*. Thousand Oaks: Sage.

Sieber, S. D. (1973). The integration of fieldwork and survey methods. *American Journal of Sociology*, 78(6), 1335-1359.

Silver, C. & Lewins, A. (2014). *Using software in qualitative research: A step-by-step guide* (2nd ed.). London: Sage.

Small, M. (2011). How to conduct a mixed methods study: Recent trends in a rapidly growing literature. *Annual Review of Sociology*, 37, 57-86.

Smith, J. K. (1983). Quantitative versus qualitative research: An attempt to clarify the issue. *Educational Researcher*, 12(3), 6-13.

Soeffner, H.-G. (2013). *Interpretative Sozialwissenschaft.* Mittagsvorlesung gehalten beim Berliner Methodentreffen 2013. www.qualitative-forschung.de/

methodentreffen/archiv/video/mittagsvorlesung_2013/index.html (Zugriff 12.7.2014).

Stefer, C. (2014). Die Gegenstandsangemessenheit empirischer Datenerhebungsmethoden im Kontext von Lehrevaluationen an Hochschulen. Dissertation, Philipps-Universität Marburg. http://archiv.ub.uni-marburg.de/diss/z2013/0727

Tashakkori, A. & Teddlie, C. (1998). *Mixed methodology: Combining qualitative and quantitative approaches.* Thousand Oaks, CA: Sage.

Tashakkori, A. & Teddlie, C. (2003). The past and future of mixed methods research: From data triangulation to mixed model designs. In Tashakkori, A., & Teddlie, C. (Eds.). (2003), *Handbook of Mixed Methods in social & behavioral research,* 671-702. Thousand Oaks, CA: Sage.

Tashakkori, A. & Teddlie, C. (Eds.). (2003). *Handbook of mixed methods in social & behavioral research.* Thousand Oaks: Sage.

Tashakkori, A. & Teddlie, C. (Eds.). (2010). *Sage Handbook of mixed methods in social & behavioral research* (2nd ed.). Thousand Oaks, CA: Sage.

Teddlie, C. & Tashakkori, A. (2003). Major issues and controversies in the use of Mixed-Methods in the social and behavioral sciences. In Tashakkori, A., & Teddlie, C. (Eds.) (2003), *Handbook of mixed methods in social & behavioral research,* 3-50. Thousand Oaks, CA: Sage.

Teddlie, C. & Tashakkori, A. (2009). *Foundations of mixed methods research.* Thousand Oaks, CA: Sage.

Teddlie, C. & Yu, F. (2007). Mixed methods sampling: A typology with examples. *Journal of Mixed Methods Research,* 1(1), 77-100.

Trempler, K., Schellenbach-Zell, J. & Gräsel, K. (2012). Das Programm Forscher Ferien. Können Ferienprogramme die soziale Kompetenz von Grundschulkindern fördern und die soziale Benachteiligung kompensieren? In Gläser-Zikuda, M., Seidel, T., Rohlfs, C., Gröschner, A. & Ziegelbauer, S. (Hrsg.), *Mixed Methods in der empirischen Bildungsforschung,* 91-105. Münster: Waxmann.

Woolley, C. M. (2009). Meeting the mixed methods challenge of integration in a sociological study of structure and agency. *Journal of Mixed Methods Research,* 3(1), 7-25.

Yu, S. (2012). College Students's Justification for Digital Piracy: A mixed methods study. Journal of Mixed Methods Research, 6 (4): 364-378.